Il fiume Coghinas

Una laguna e una foce unica

Giovanni Giuliani

Copyright © 2020 Giovanni Giuliani
Tutti i diritti riservati

È l'ignoto e l'irreale che, in queste foto, prende enigmaticamente forma e dimensione. Ci sono molti modi per comunicare e rendere partecipe dei propri sentimenti chi in quel momento è a noi vicino.

Giancarlo Canali - poeta e scrittore

Un grazie a Giosuè Serreli, titolare de L'Alta Bhanda

A mia moglie e ai miei figli

Alla scoperta di luoghi naturalistici incantati e unici

Siamo sul fiume Coghinas, nord della Sardegna in Provincia di Sassari. Il Coghinas credo sia il più importante fiume della Sardegna, sicuramente il più importante della provincia di Sassari.

Ha una lunghezza di 116km e il suo nome significa "cucine" e deriva dalla presenza di sorgenti di acqua calda che sgorgano nell'entroterra, all'altezza di Casteldoria.

Le sue sorgenti danno vita ad un complesso termale probabilmente già conosciuto in epoca romana.

La presenza di acque che sgorgano ad una temperatura superiore ai 70°C insieme alla bellezza e ricchezza della flora e della fauna locale e alla presenza di aree protette, rendono questa zona particolarmente interessante oltre al vantaggio di essere situata a meno di 10km dalle più belle spiagge del Golfo dell'Asinara.

Parto da Roma per imbarcarmi a Civitavecchia e viaggiare tutta la notte. Di buon mattino scendo ad Olbia e con l'auto attraverso il nord della Sardegna puntando verso Tempio Pausania per poi dirigermi a Valledoria. Lungo la strada mi trovo a costeggiare il fiume meta della mia avventura fotografica, ma senza mai accorgermi di lui mentre guido. Arrivo nel primissimo pomeriggio, nelle ore centrali della giornata, con il sole alto e il caldo che si fa sentire. Il mio punto di partenza è la foce del fiume Coghinas.

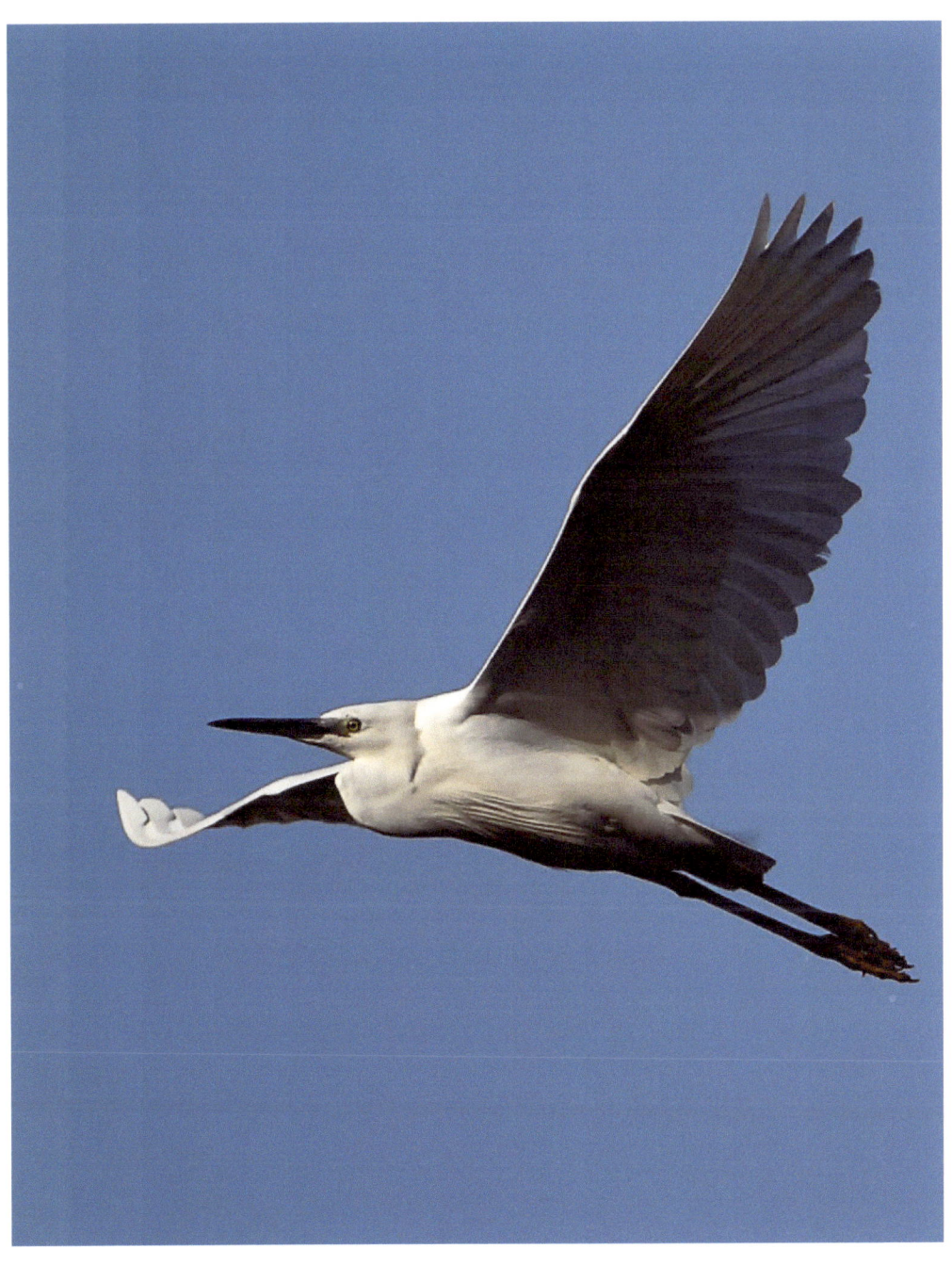

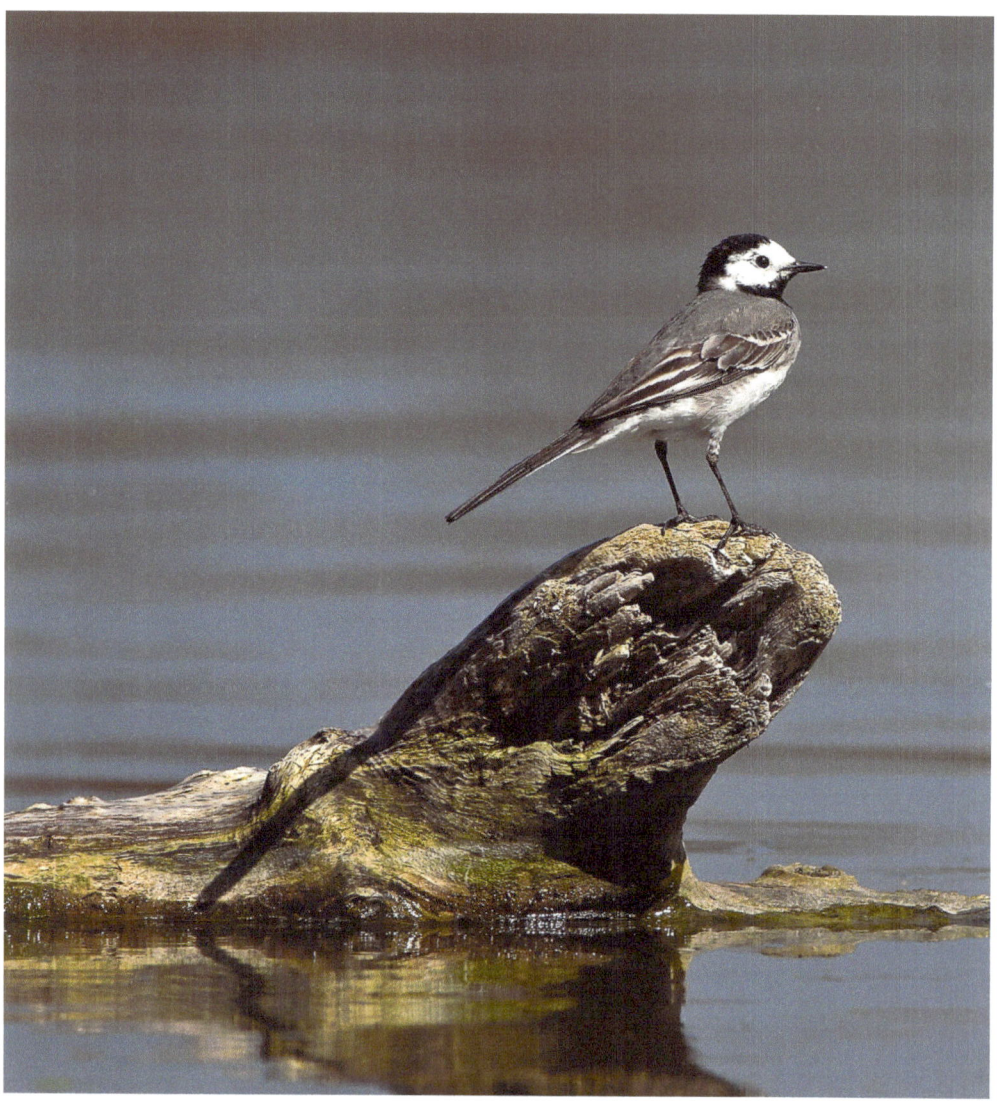

Appena parcheggiata l'auto sul posto, controllo come sempre la mia fedele attrezzatura, preparo la macchina fotografica con il teleobiettivo. Faccio una serie di scatti di prova per verificare che tutto sia ok e che io non mi sia dimenticato nulla. Per ultimo controllo le foto appena scattate, così sono sicuro di non aver dimenticato neanche le schede di memoria.

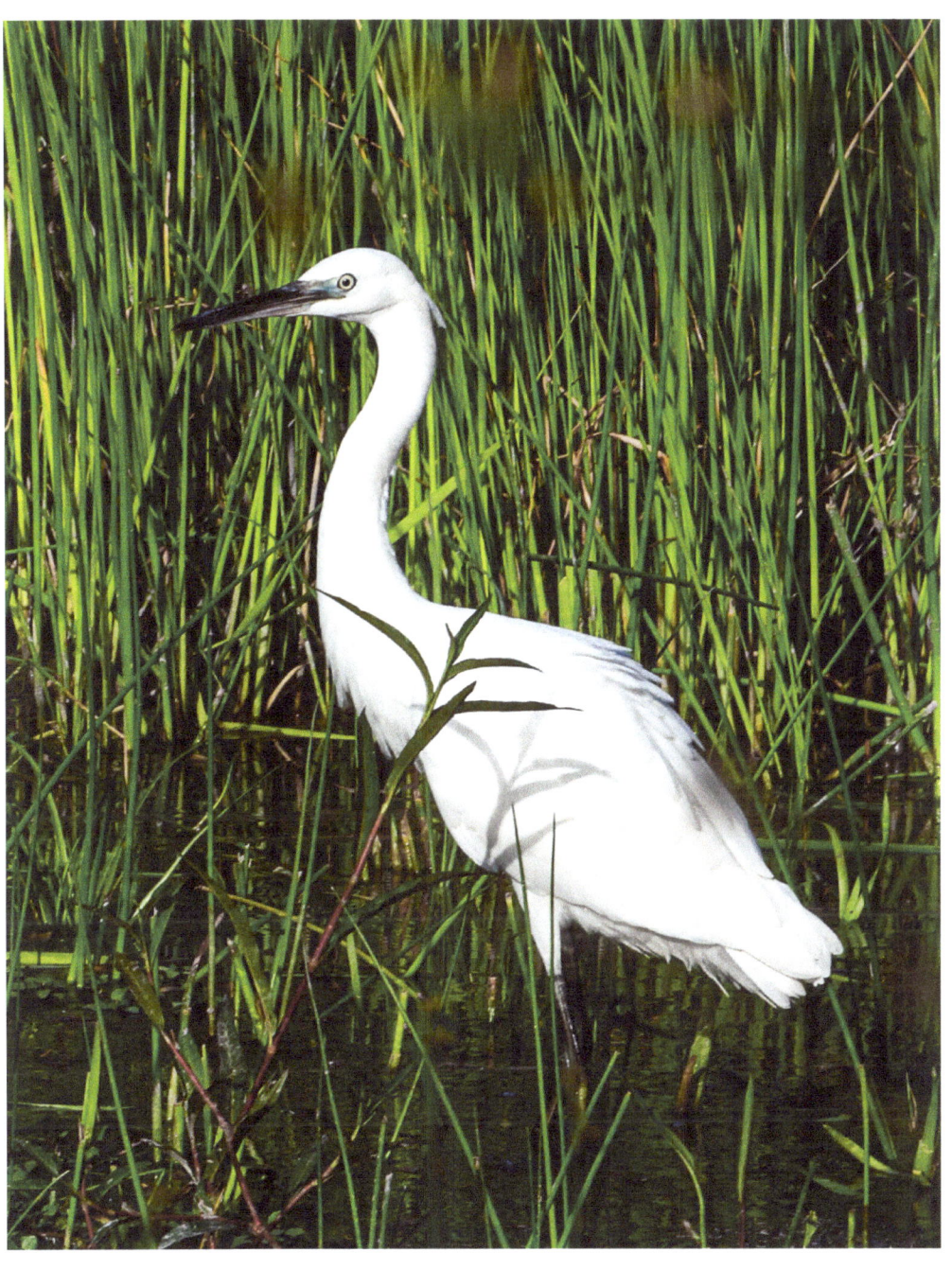

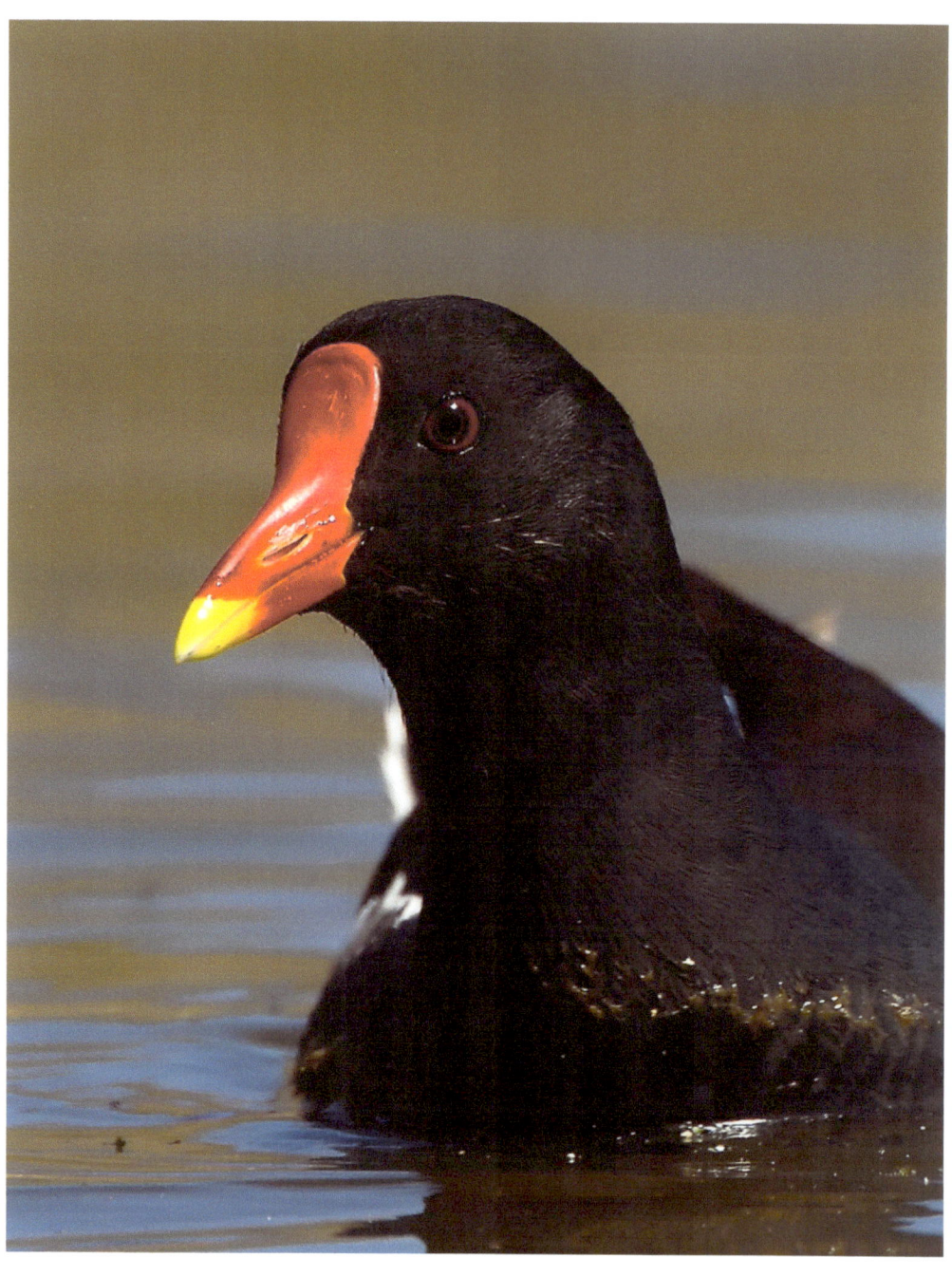

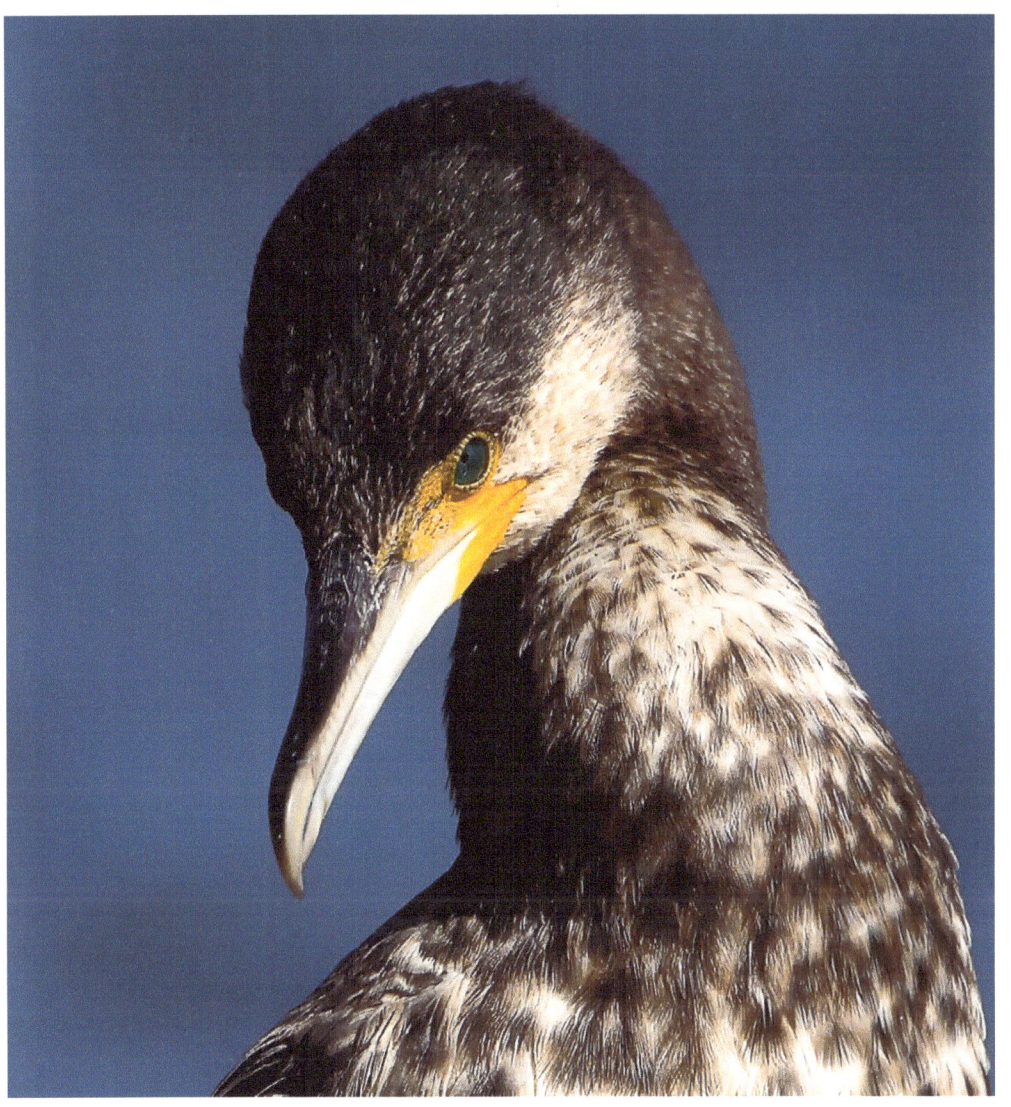

Ora sono sul fiume Coghinas. Mi imbarco per risalire il fiume dalla sua foce, in prossimità di Valledoria, percorrendolo fino a dove la bassa profondità della calda estate mi permetterà di arrivare...

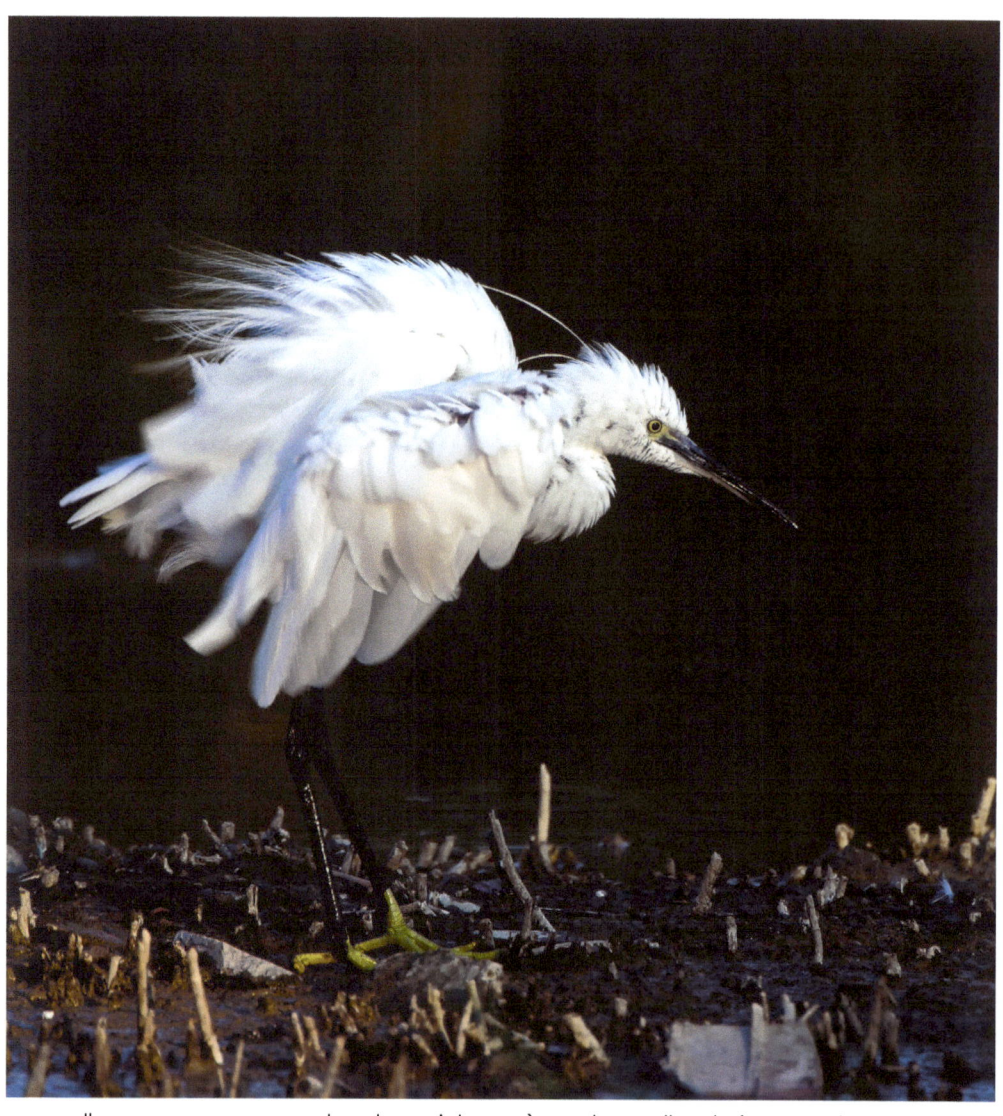

Il programma prevede che mi lascerò andare alla deriva per tornare lentamente fino alla foce e sfruttare al meglio il silenzio e la tranquilla andatura per cercare di fotografare ciò che la Natura mi permetterà di vedere..

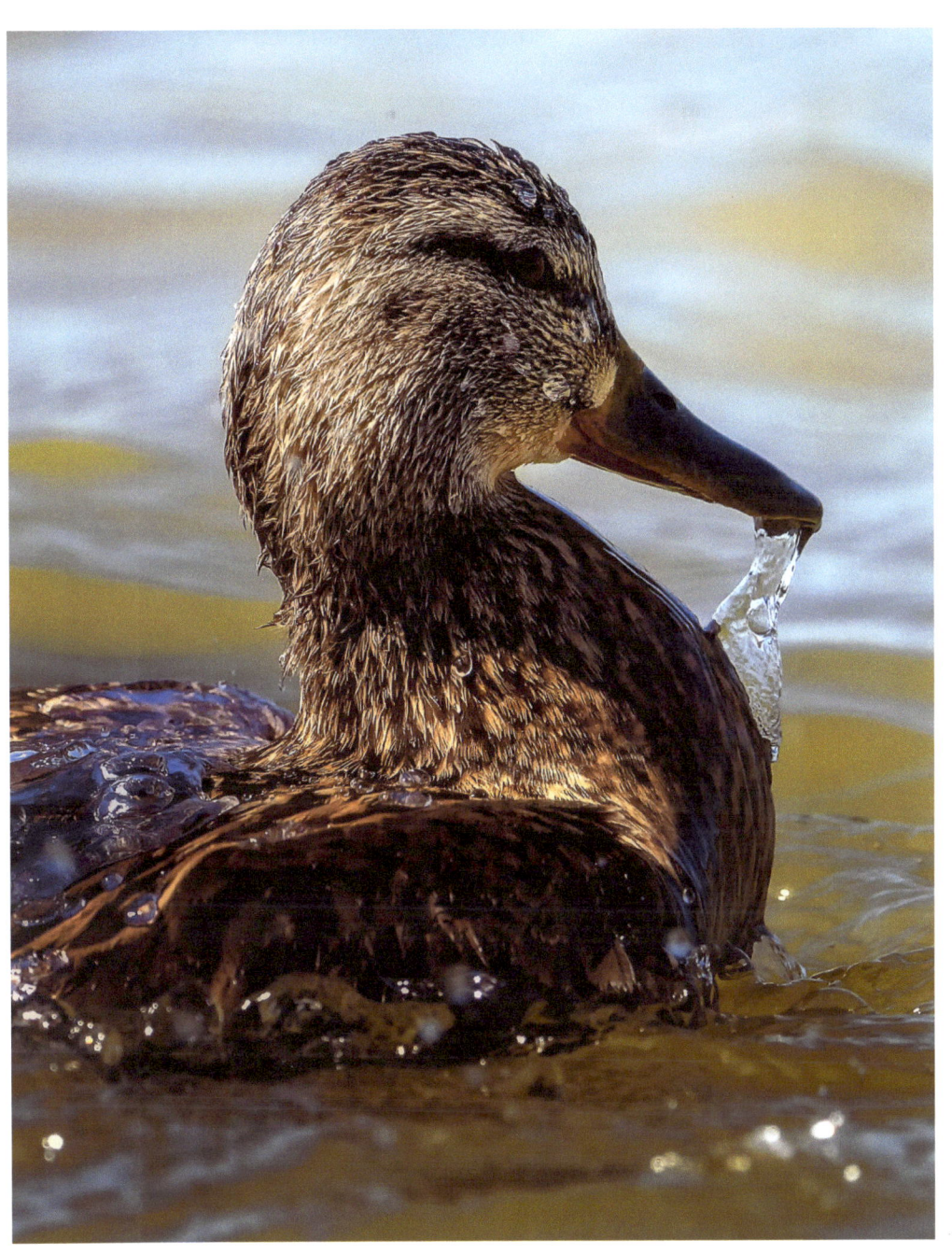

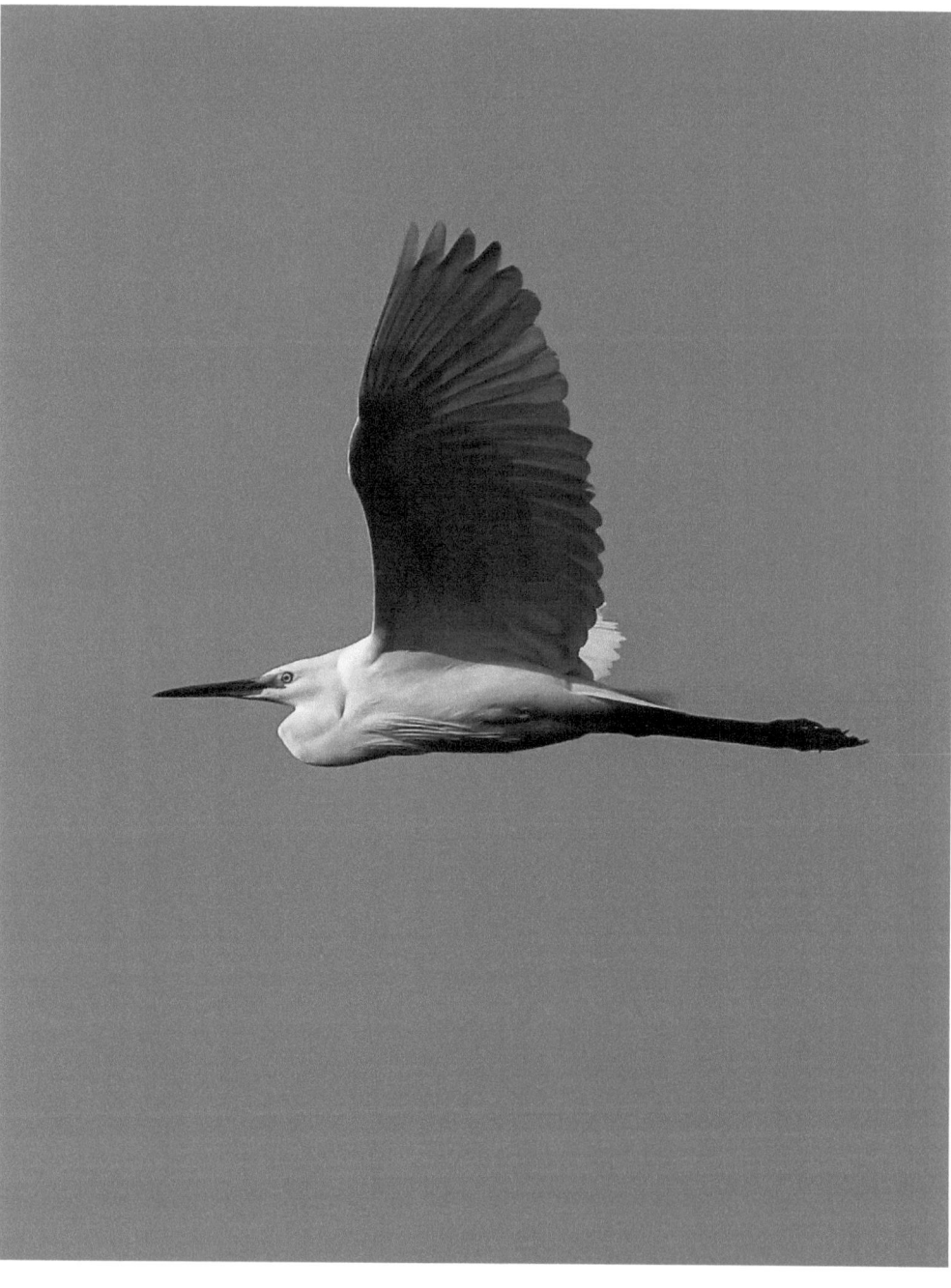

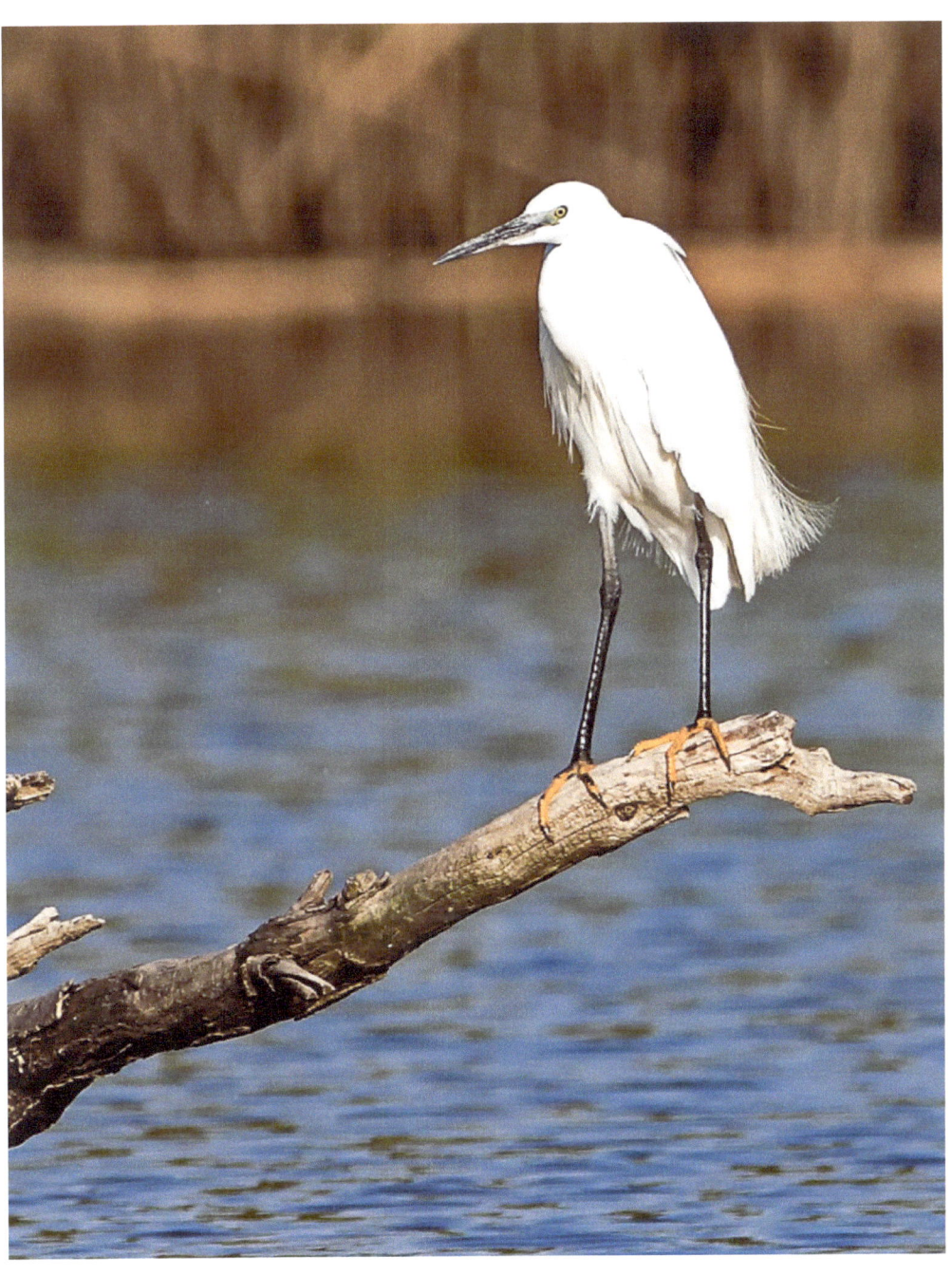

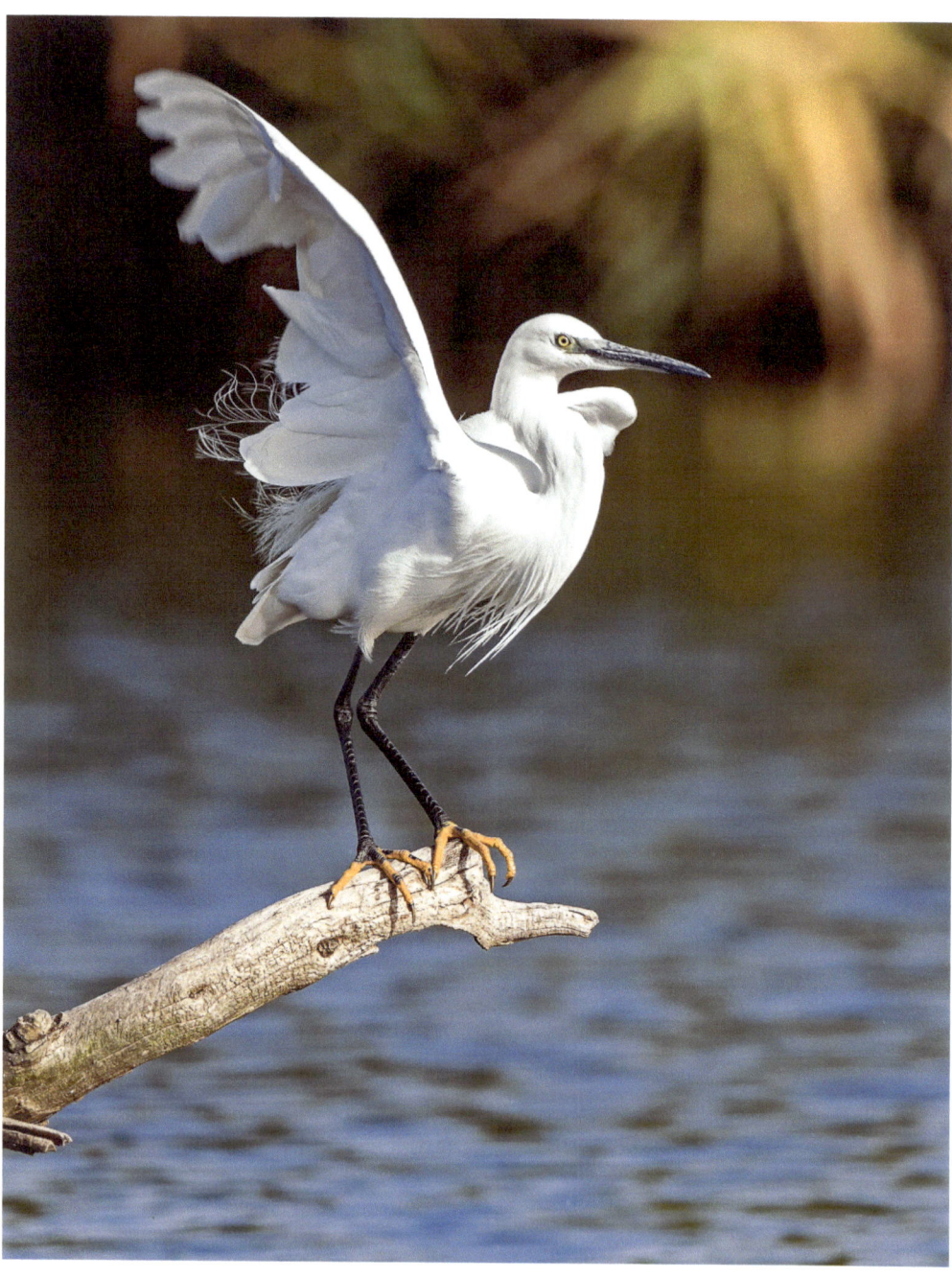

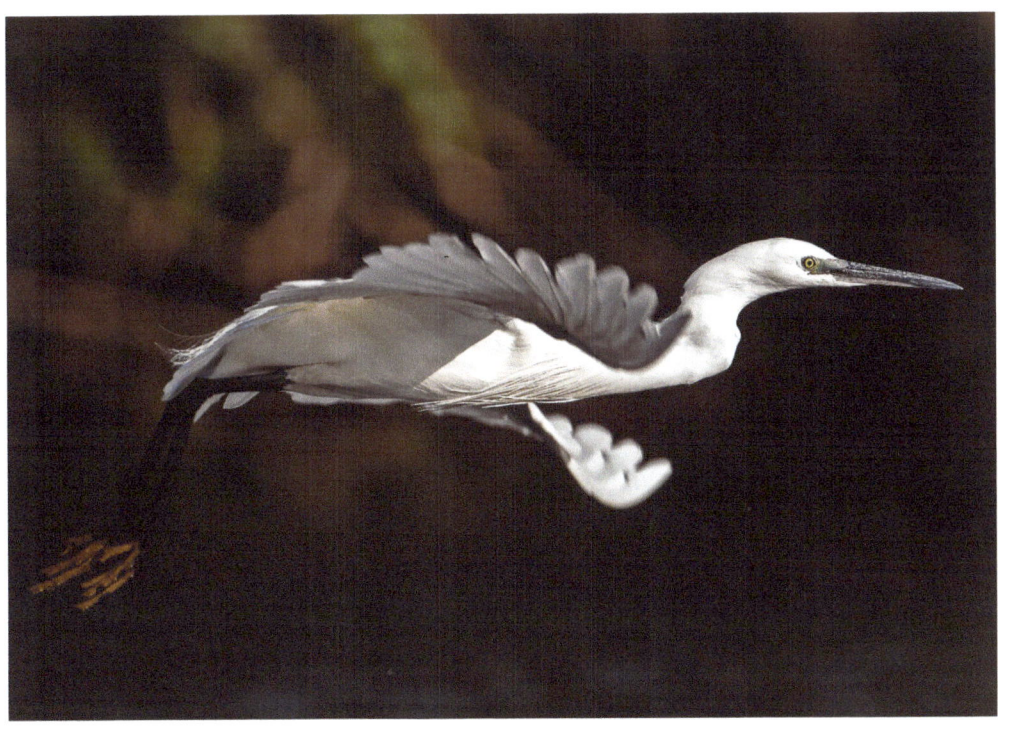

La risalita è di circa 7km dalla foce in un ambiente di rara bellezza, alla scoperta di un fiume invisibile da terra, e in compagnia di una avifauna presente in questo che è uno dei migliori spot del Mediterraneo per praticare il Birdwatching.

Rimango letteralmente rapito dalla continua sorpresa di scoprire ogni angolo, ogni ansa, vivere ogni metro di questo fiume dove continuamente si rivela all'improvviso un soggetto da fotografare, per quanto immediatamente sfuggente.

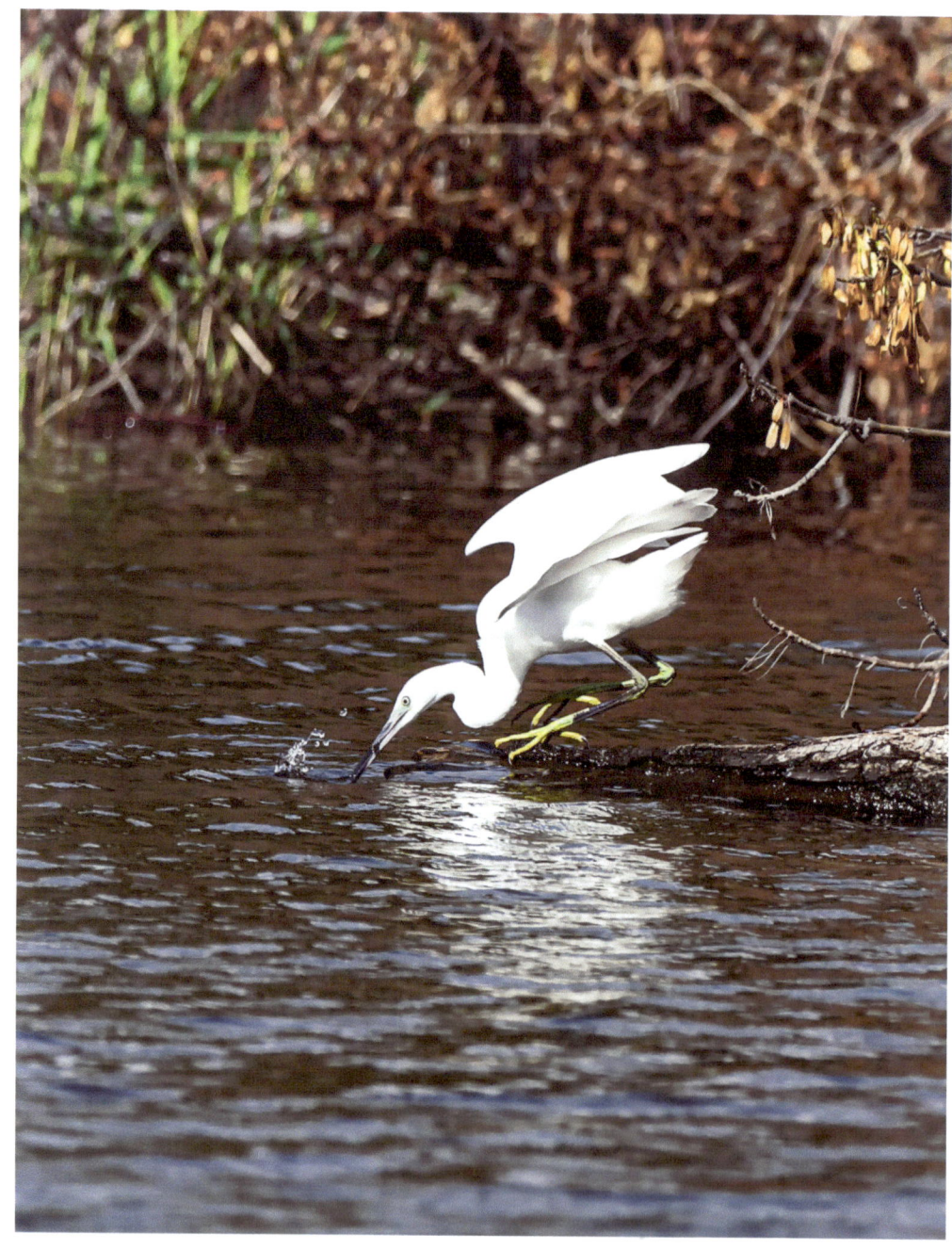

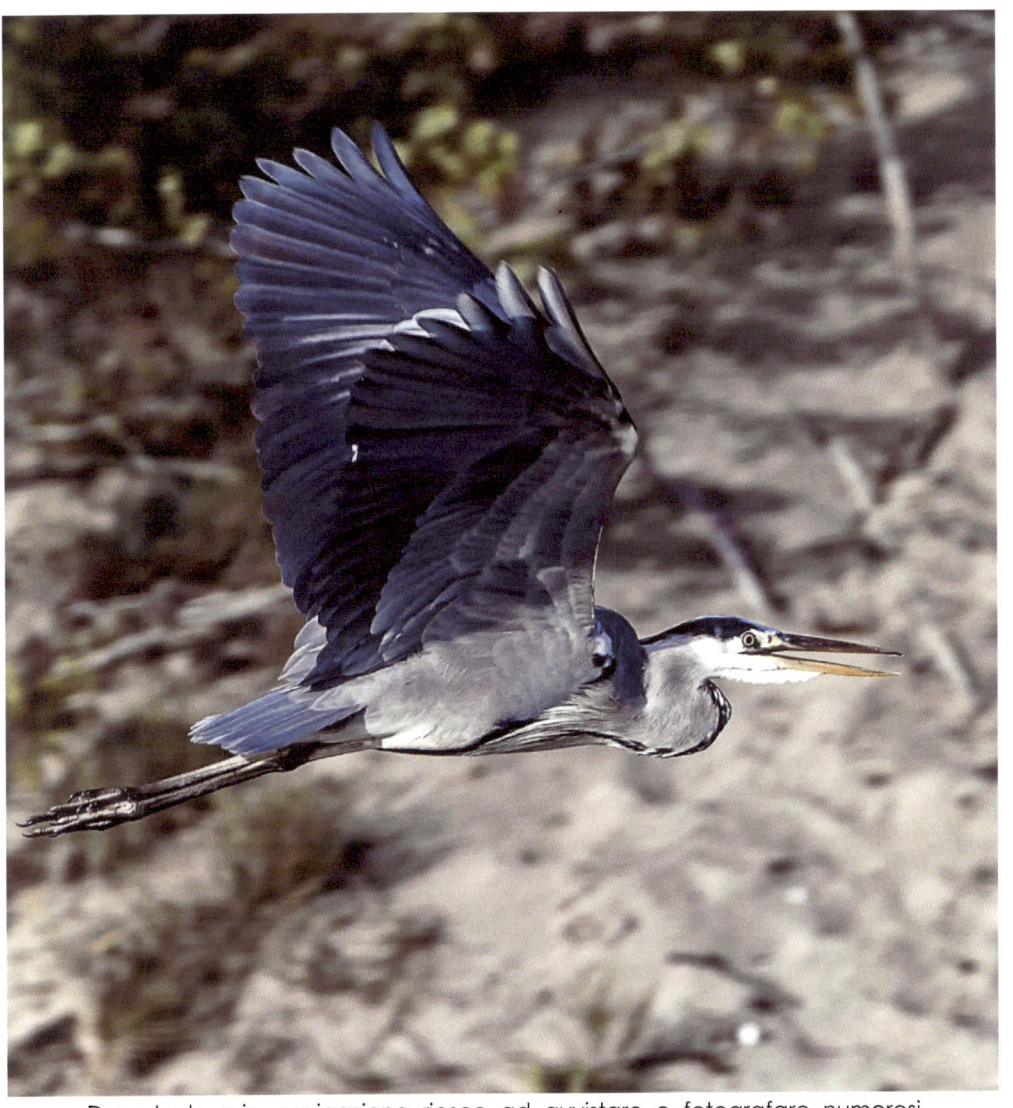

Durante la mia navigazione riesco ad avvistare e fotografare numerosi esemplari di Airone Cenerino, Garzette e Aironi Guardabuoi dapprima lontani ma poi sempre più vicini consentendomi scatti che conservo ancora negli occhi e nella mente. Immancabili poi le Folaghe e le Gallinelle D'Acqua, anche con i loro piccoli, e che vivono il fiume con la loro caotica presenza.

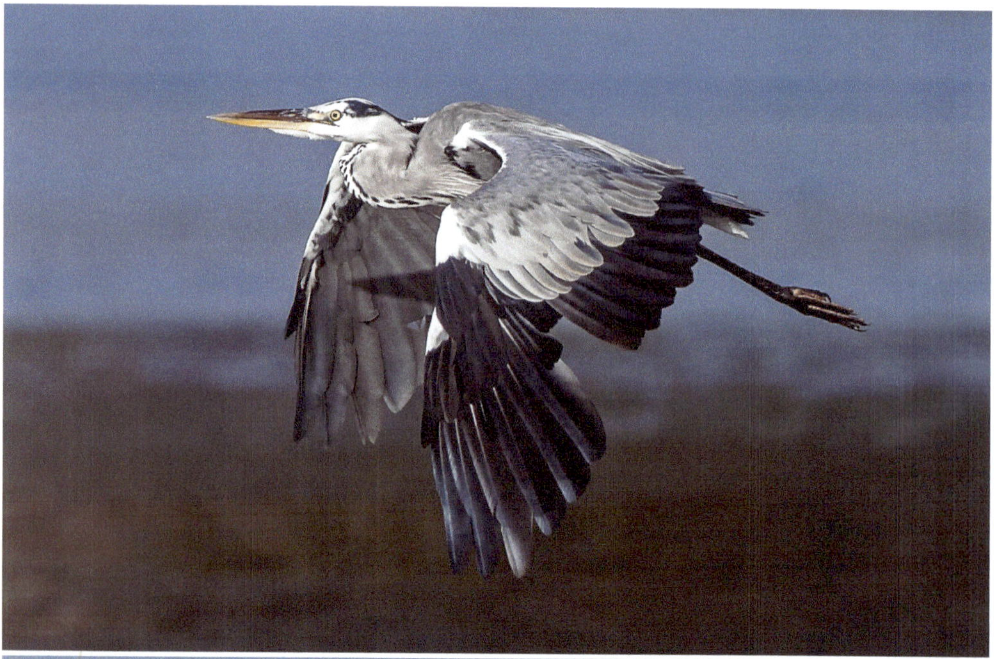

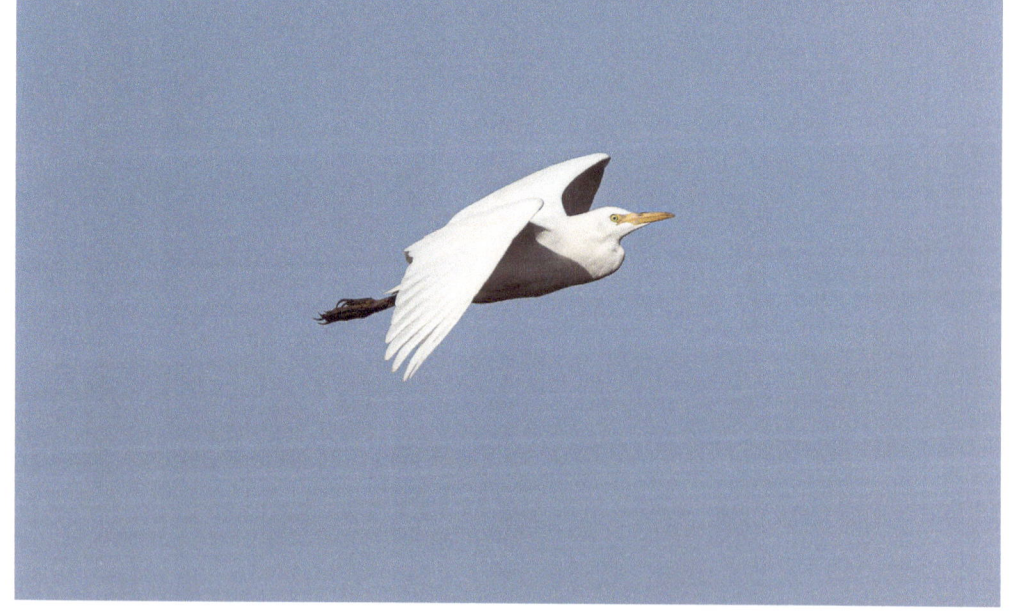

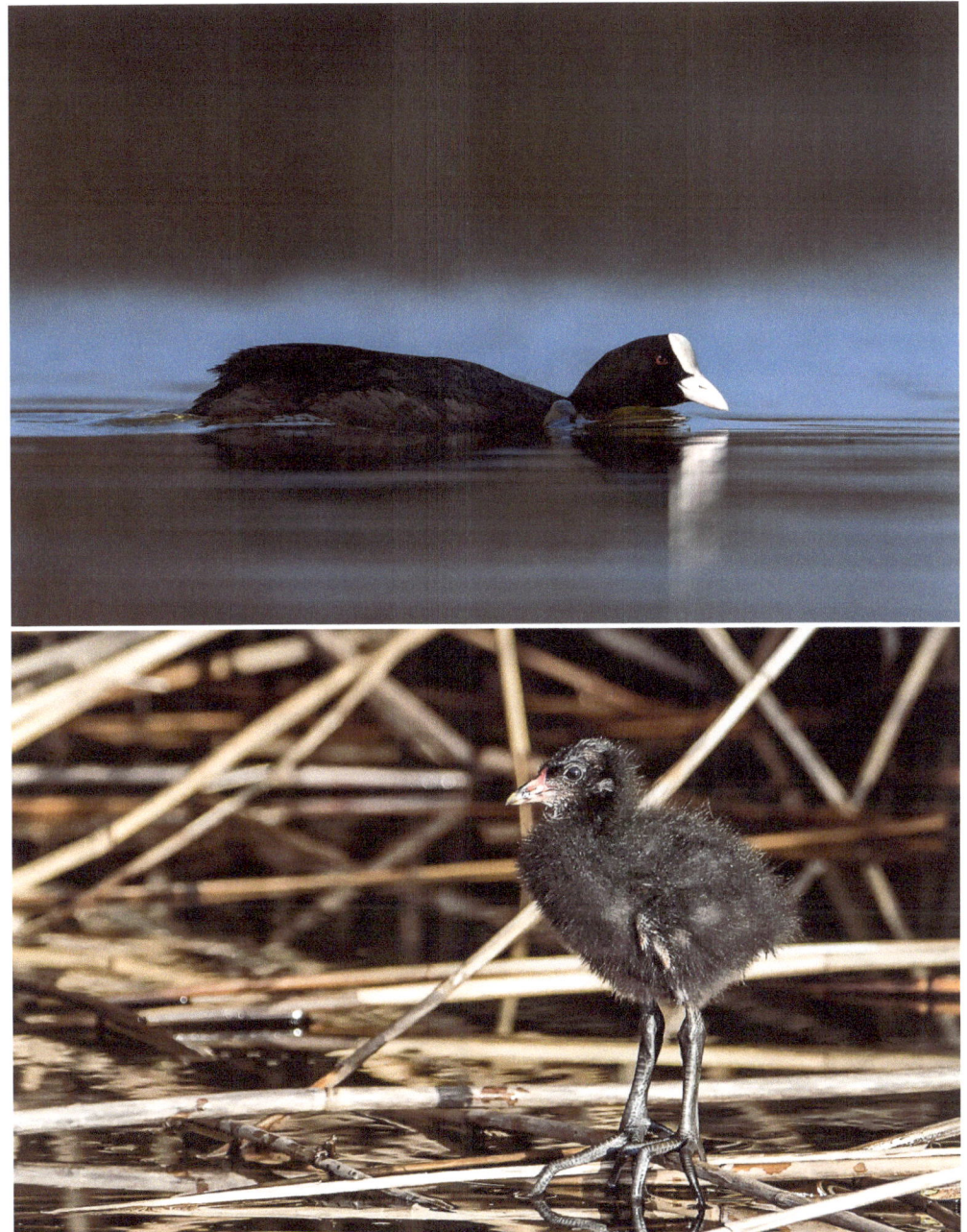

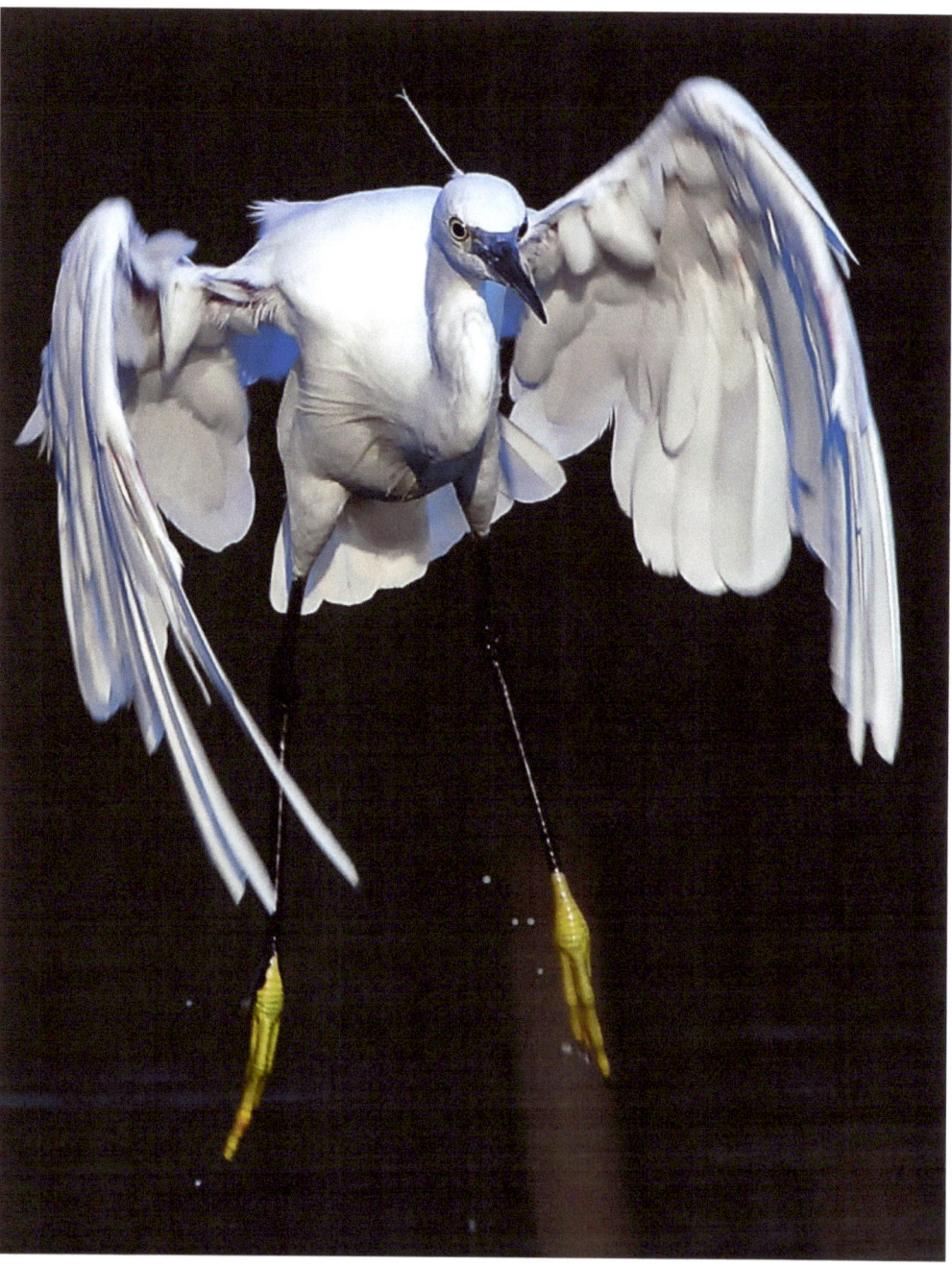

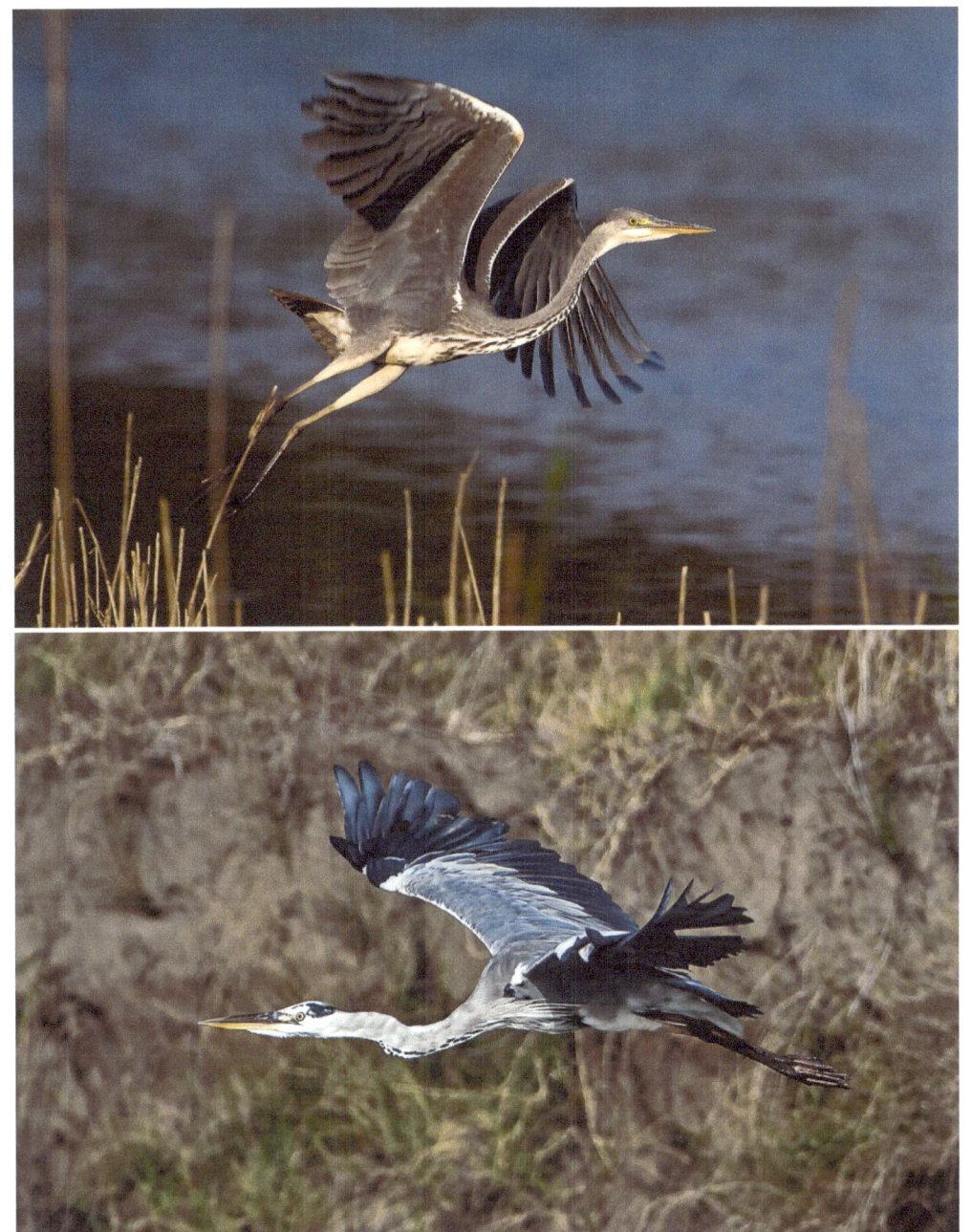

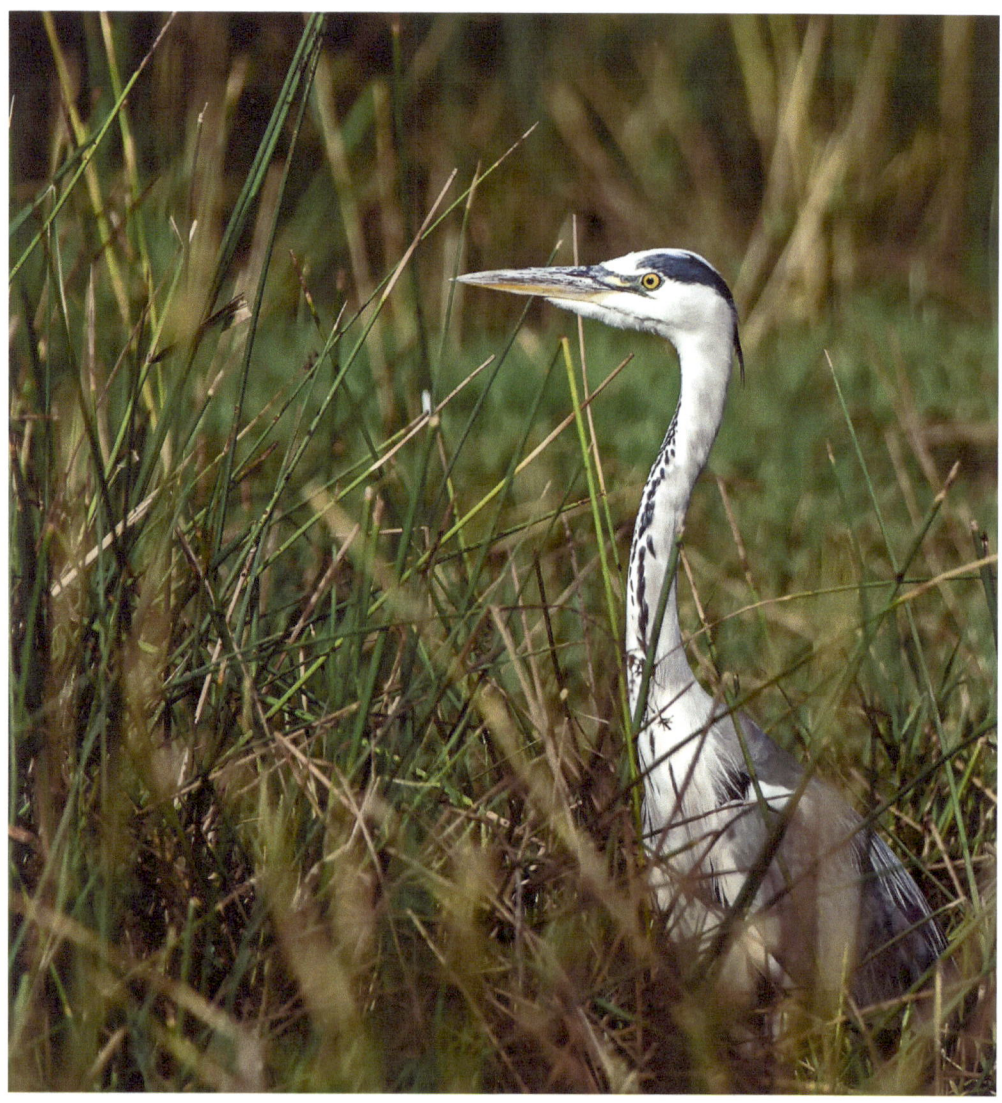

Sulla barca sotto il sole il caldo di sente e si soffre molto, e si sfiorano i 40°, ma io devo aspettare, voglio aspettare. Continuo a vedere Aironi Cenerini e Garzette, ma in realtà io sono lì per altro... So che ci sono... La fotografia naturalistica richiede tanta pazienza e io penso di averla, anche se messa a dura prova come in questa mia avventura.

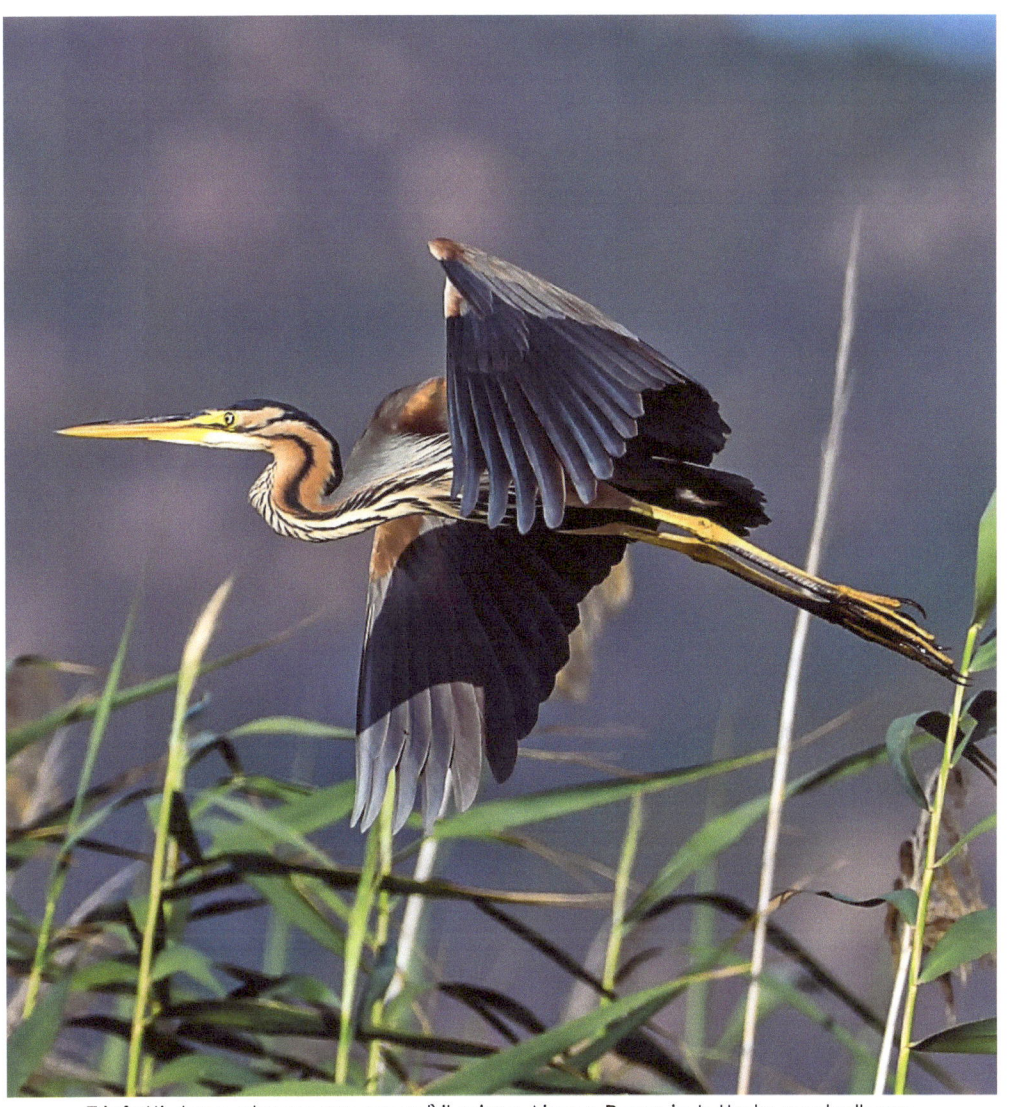

E infatti dopo alcune ore ecco lì il primo Airone Rosso in tutta la sua bellezza, e poi ancora e ancora altri, in volo e sulle rive, esemplari maturi ed esemplari giovani. Sono sfuggenti, attenti e veloci, e al mio approssimarmi, scattano subito via prendendo il volo allontanandosi da me. Devo per forza essere pronto e più veloce di loro per cercare di realizzare le fotografie che voglio realizzare.

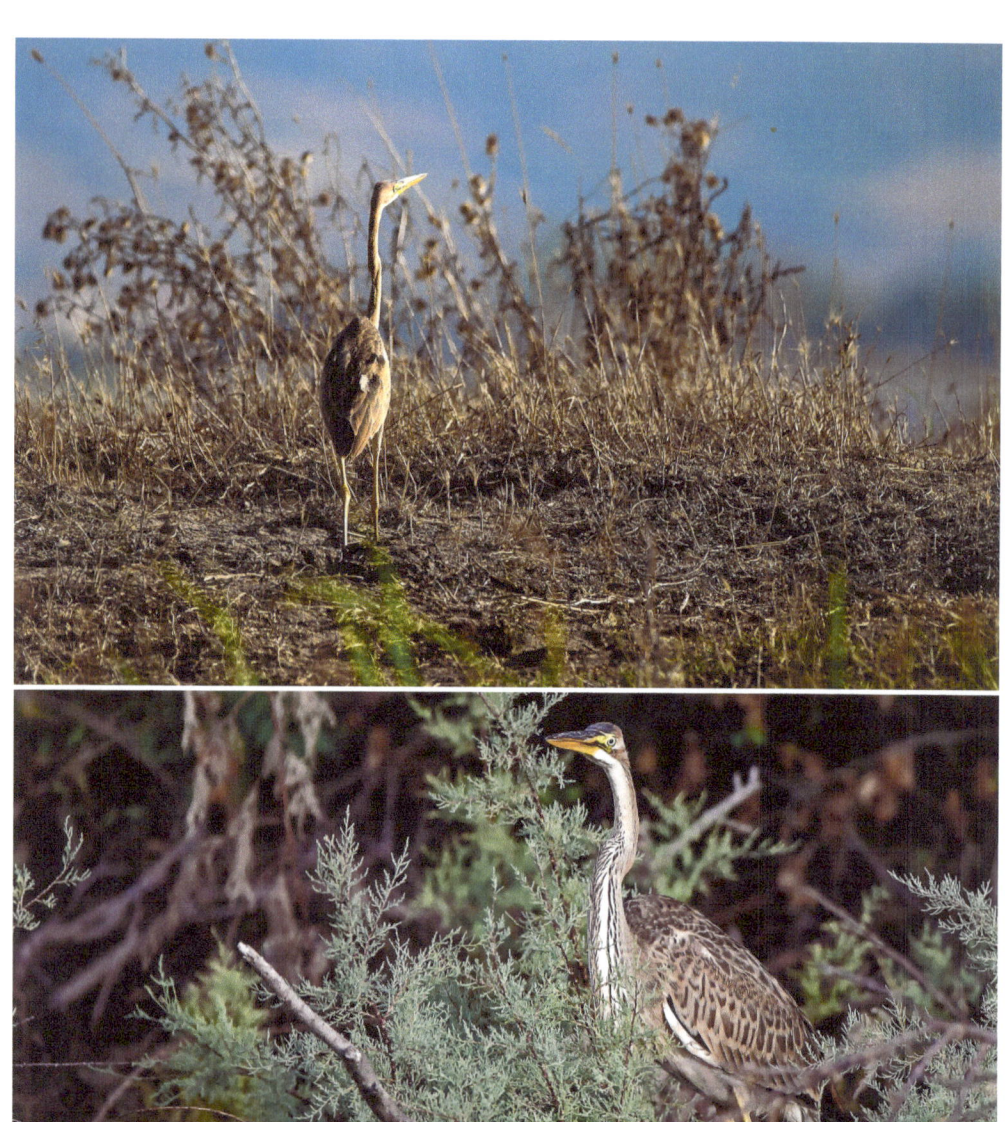

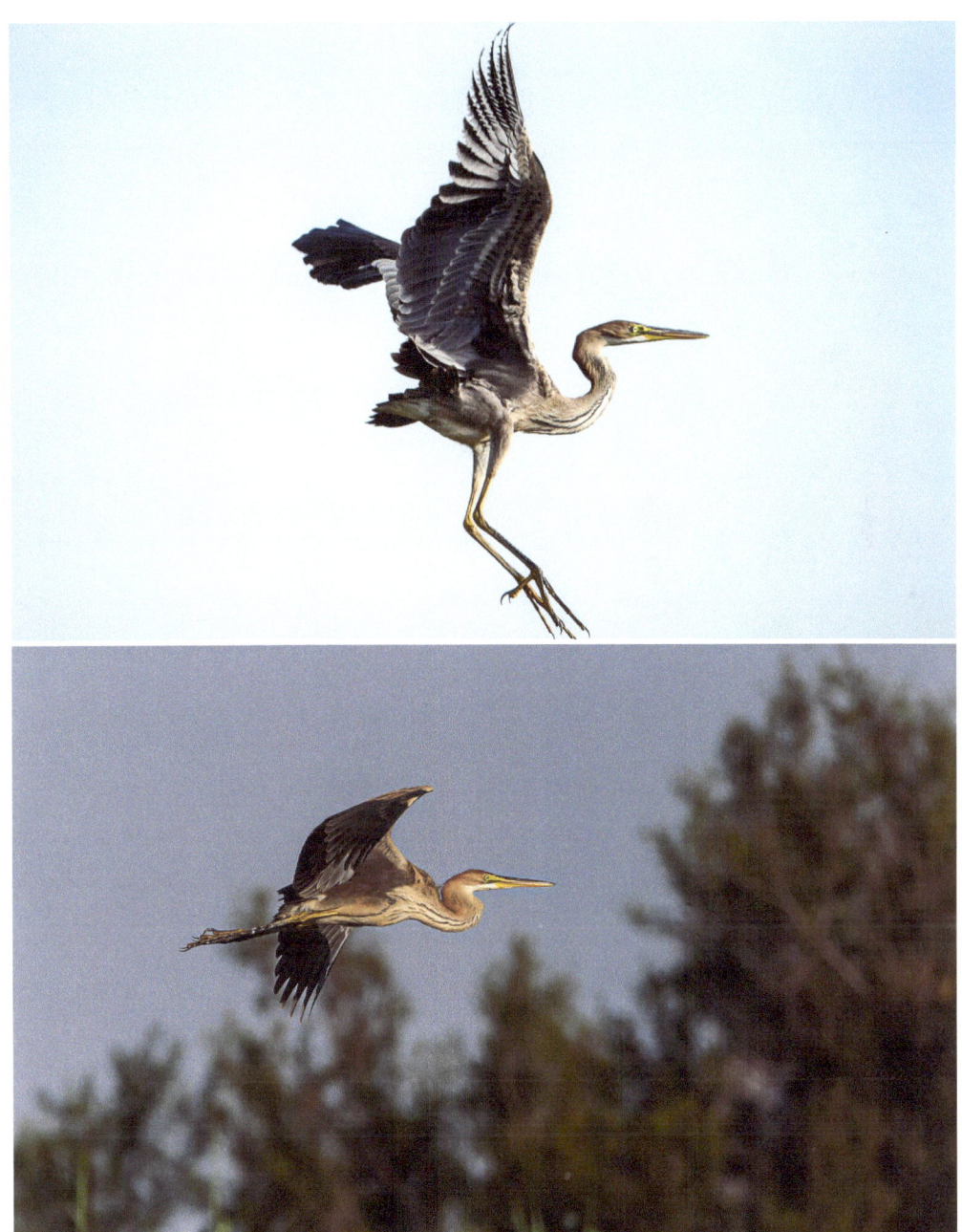

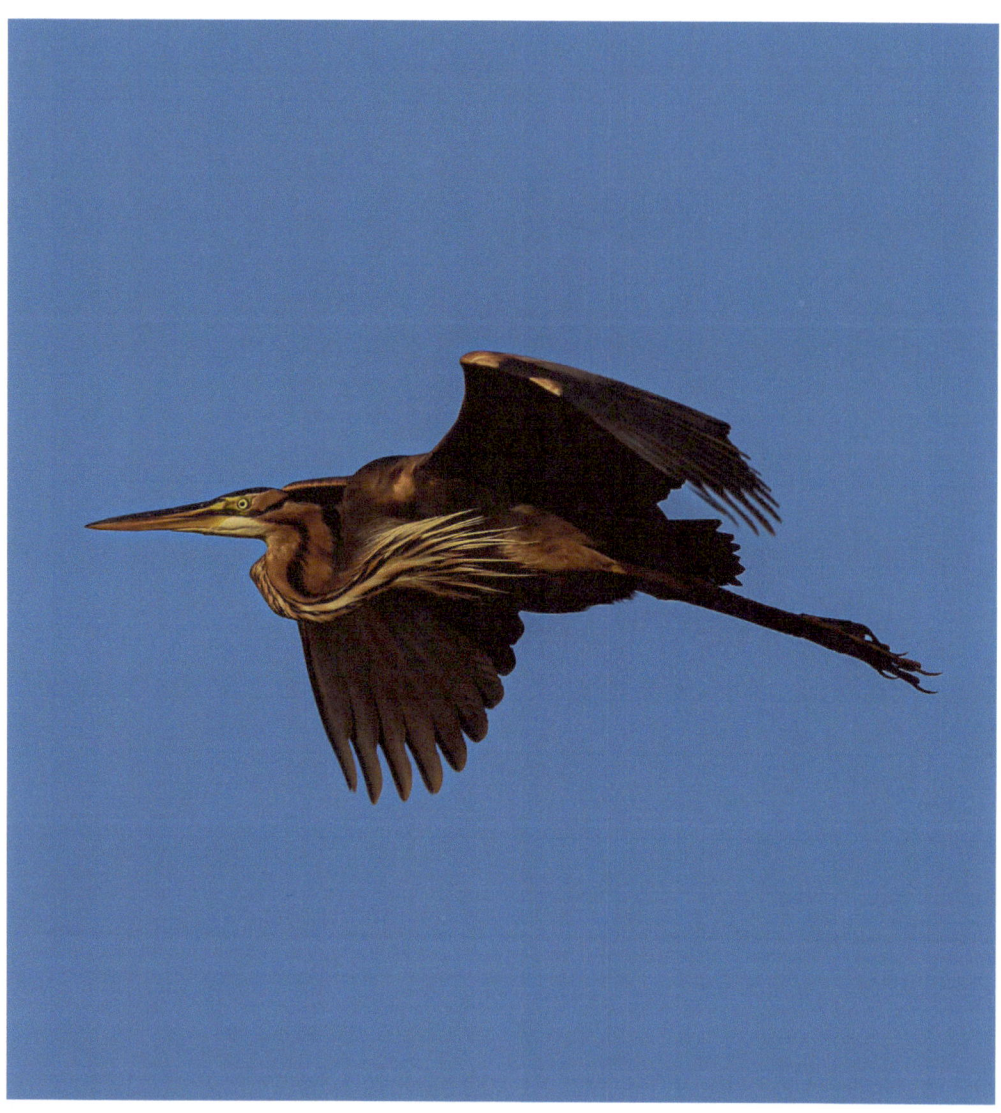

L'Airone Rosso ha dimensioni leggermente più piccole dell'Airone Cenerino, dal quale si distingue soprattutto dal colore del piumaggio. Le nostre zone umide offrono infatti per l'Airone Rosso le condizioni idonee per il completamento del suo ciclo riproduttivo.

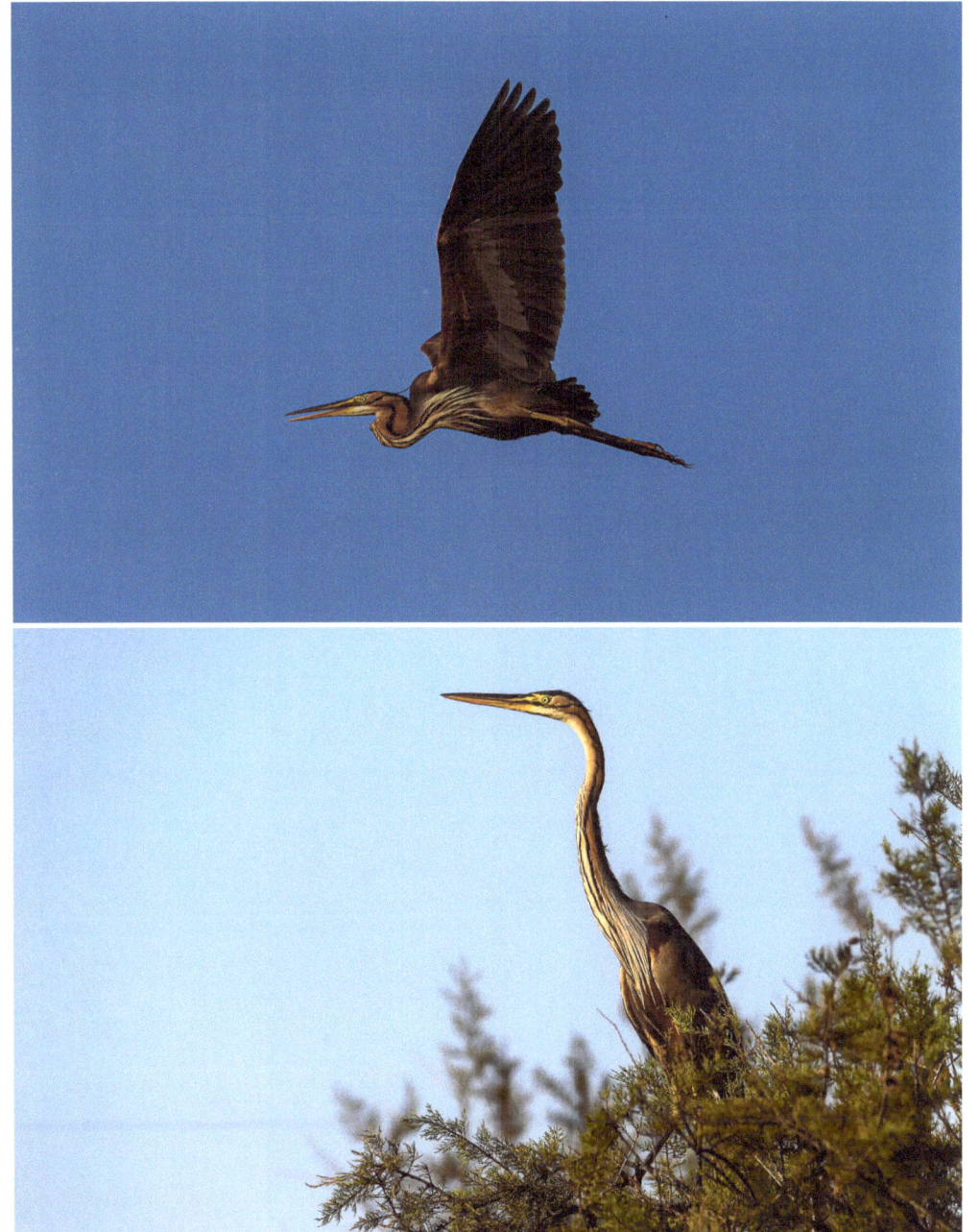

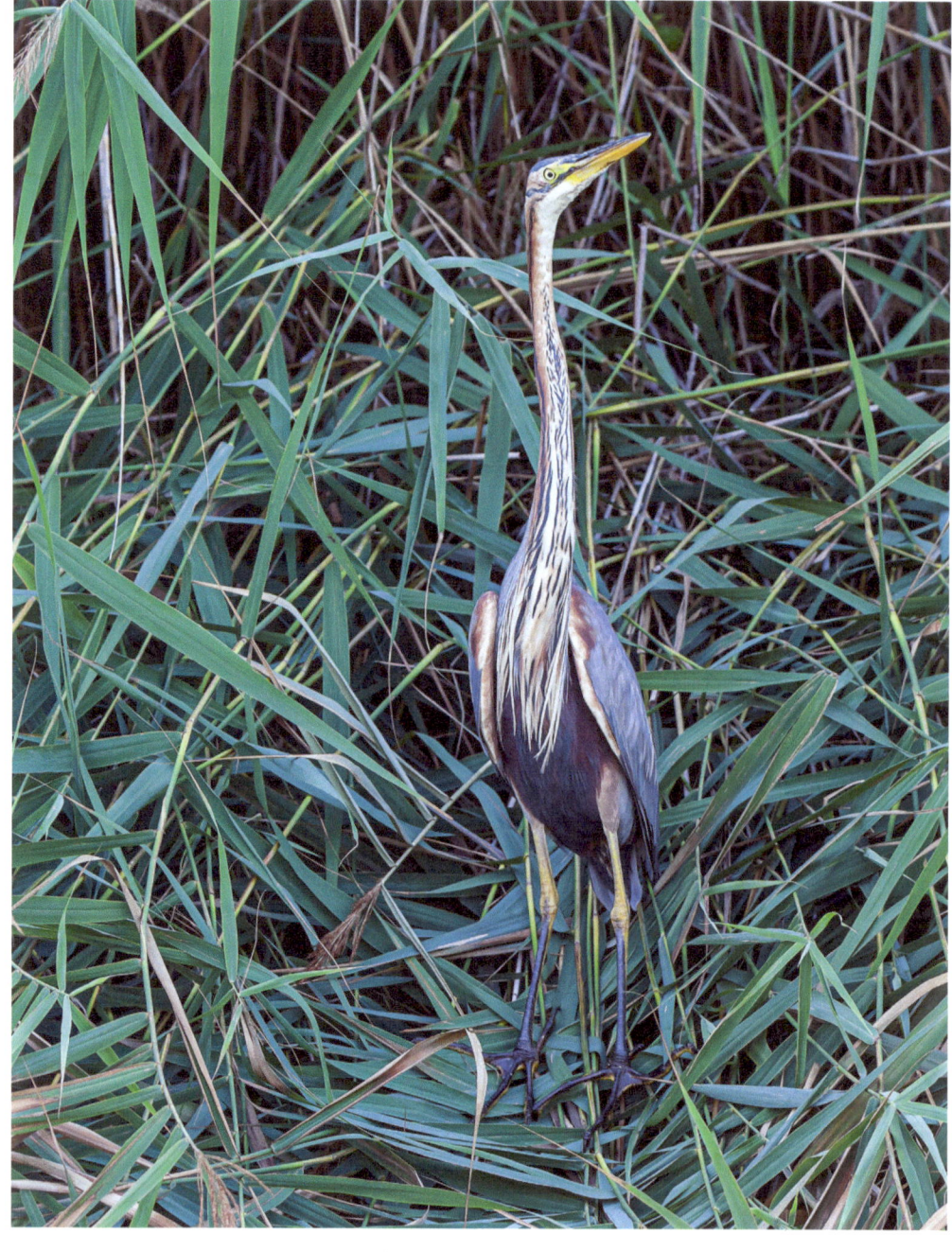

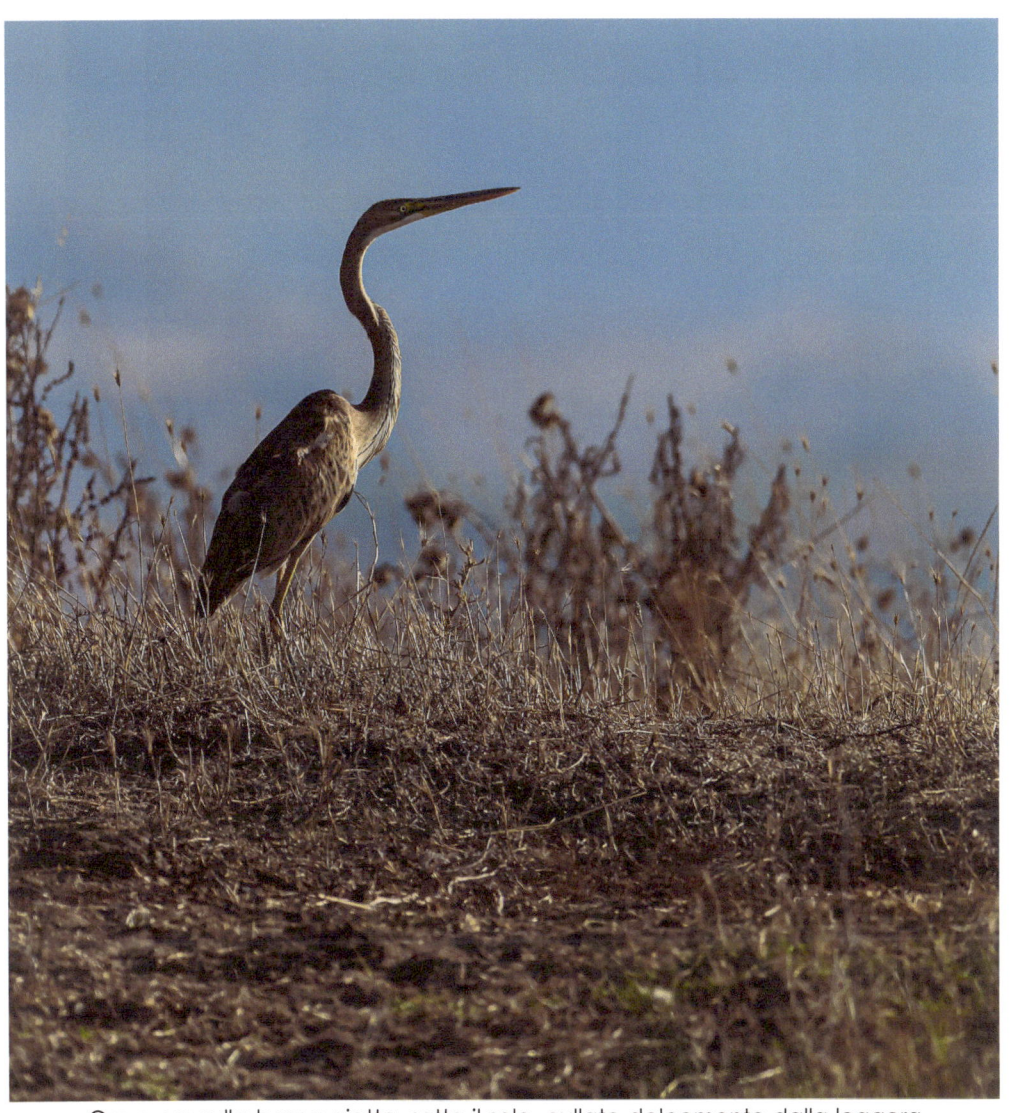

Ore e ore sulla barca piatta, sotto il sole, cullato dolcemente dalla leggera corrente del fiume, ma pienamente soddisfatto di quanto visto e fotografato. Insieme agli immancabili Aironi, ora riesco a smorzare la tensione e a dedicarmi anche ai tanti altri soggetti. Riesco anche a fotografare altre specie, come esemplari di Falco di Palude e Piro Piro Piccolo.

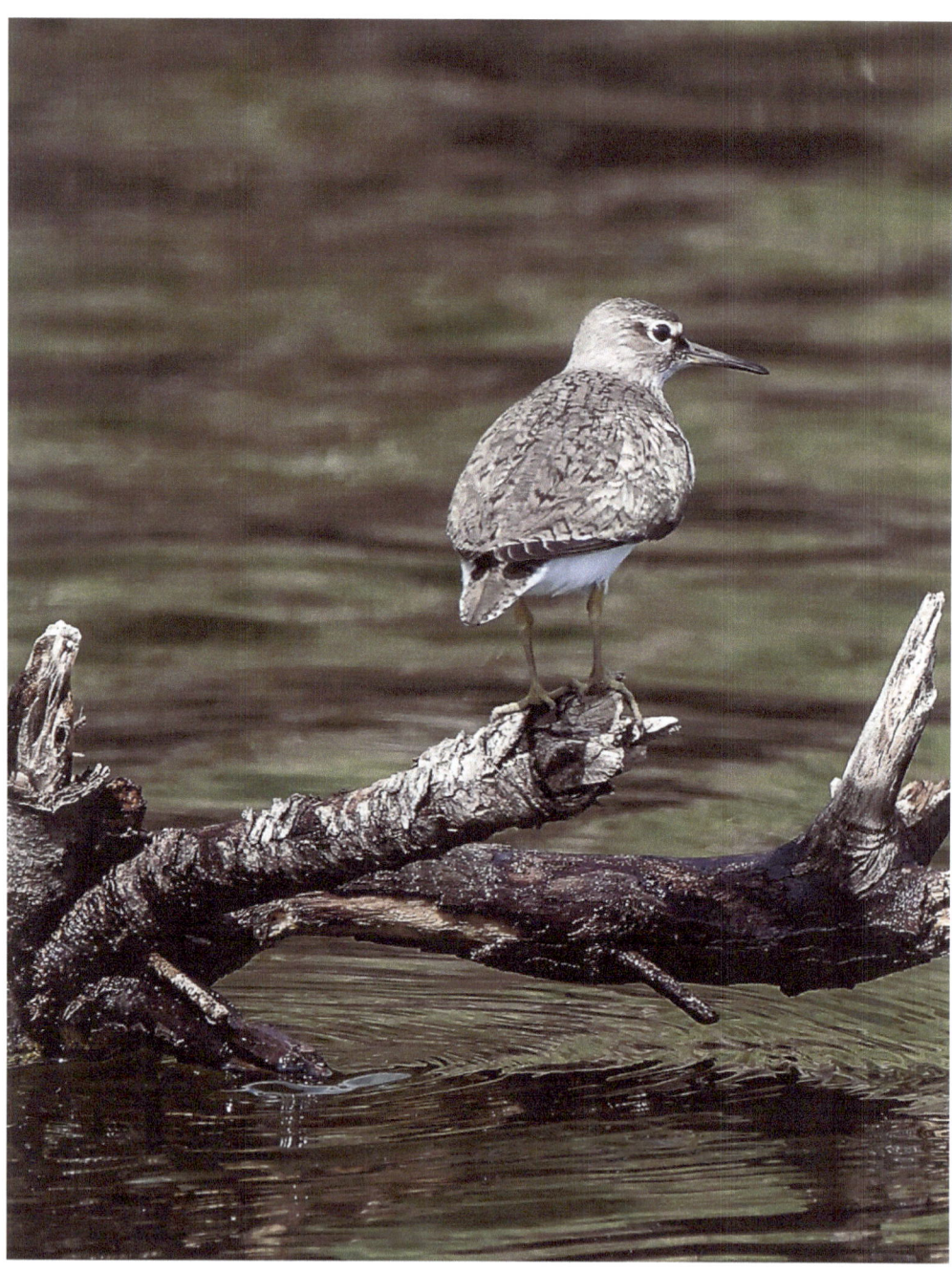

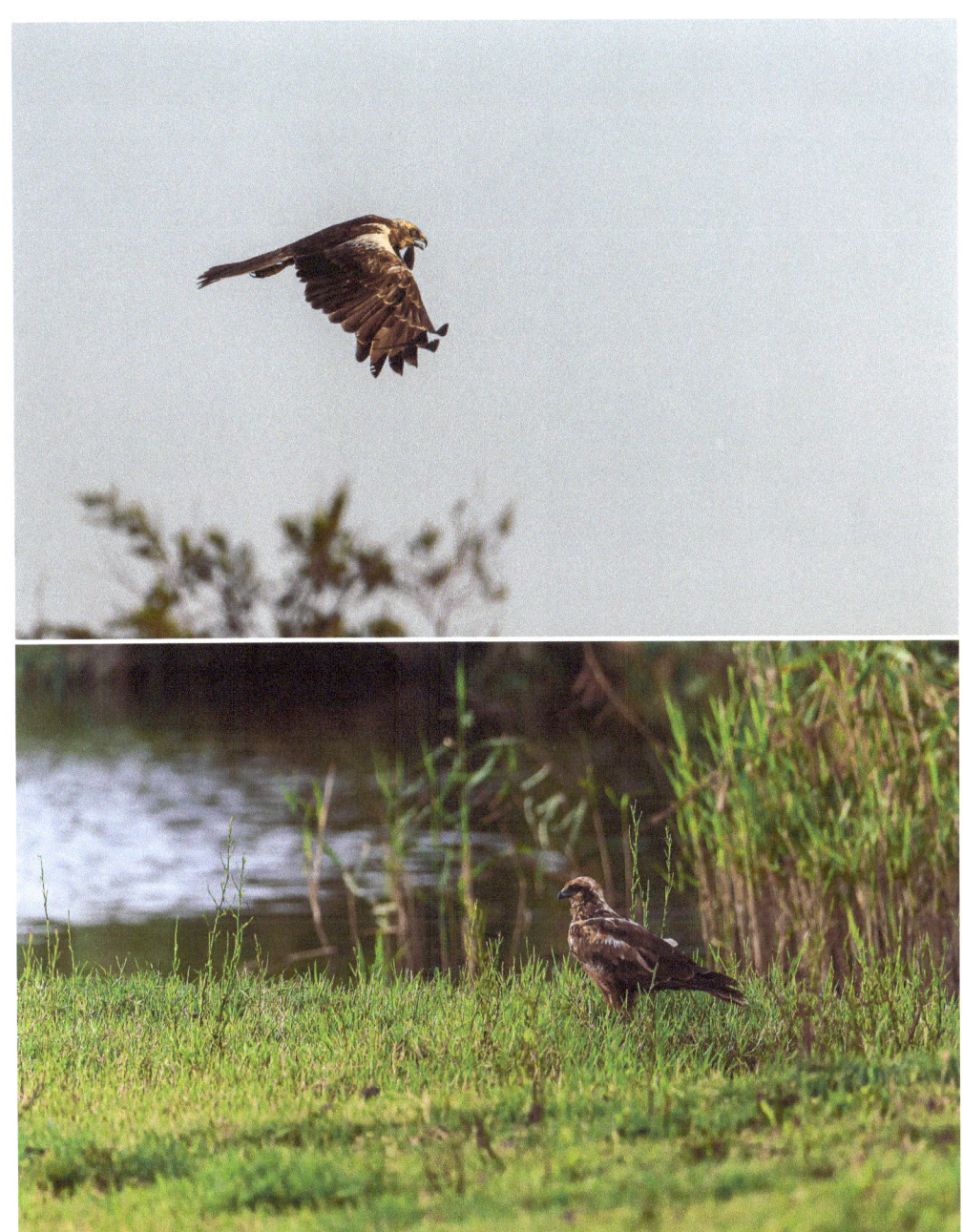

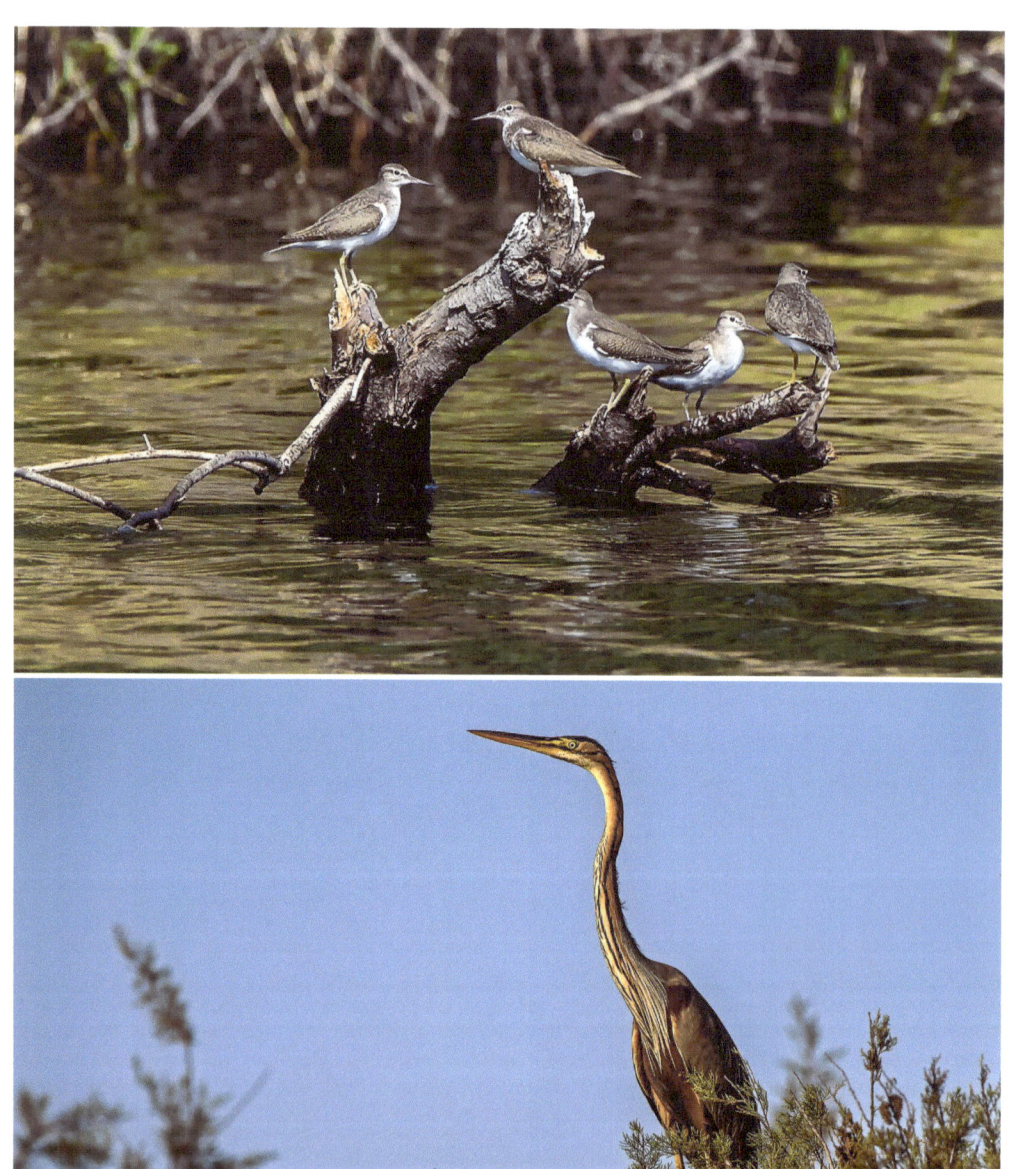

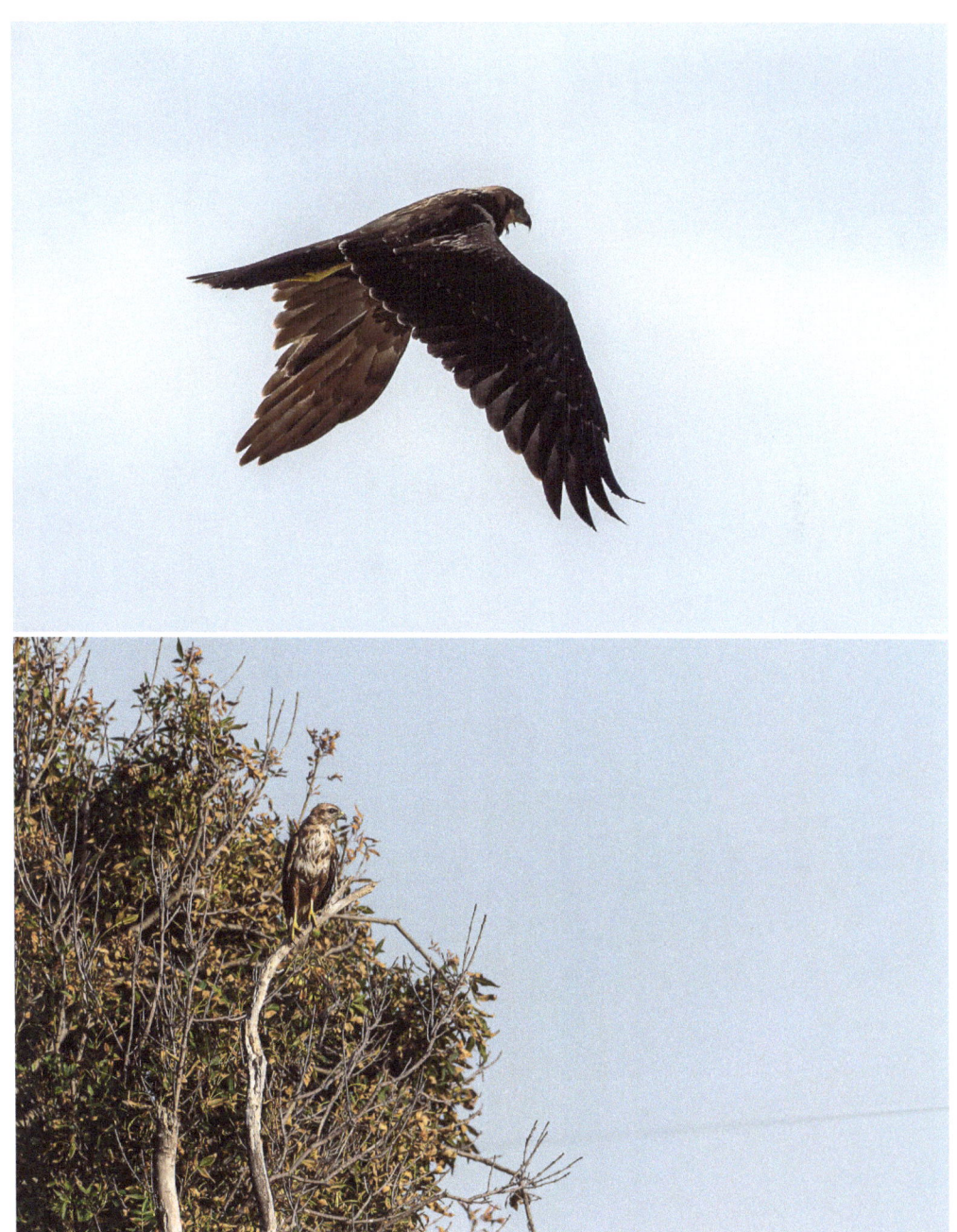

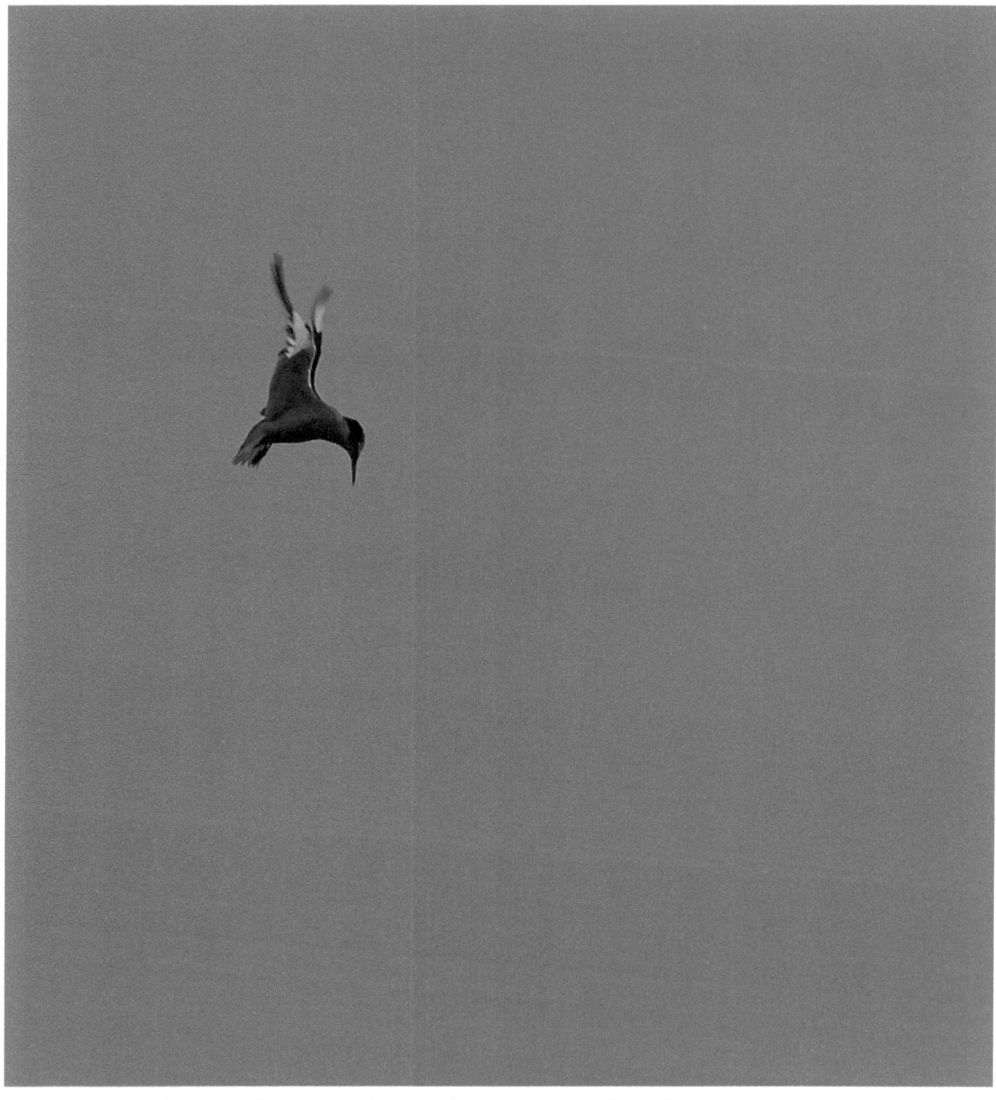

Tornando verso il mare al tramonto, e verso la fine di questa avventura, mi accompagnano costantemente moltissimi esemplari di Fraticello, che nidificano numerosi proprio su un tratto sabbioso della foce di questo meraviglioso fiume e che mi incantano con i loro caratteristici tuffi per cibarsi di piccoli pesci.

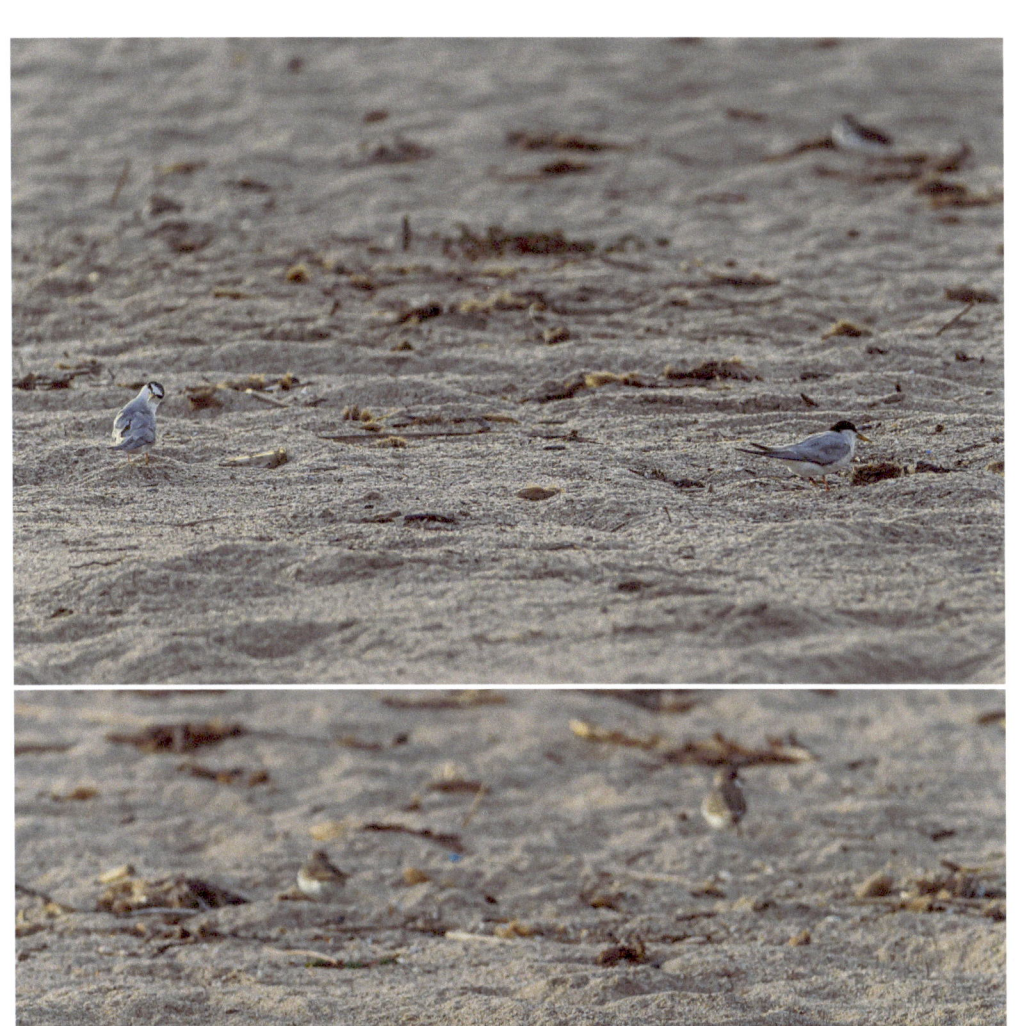

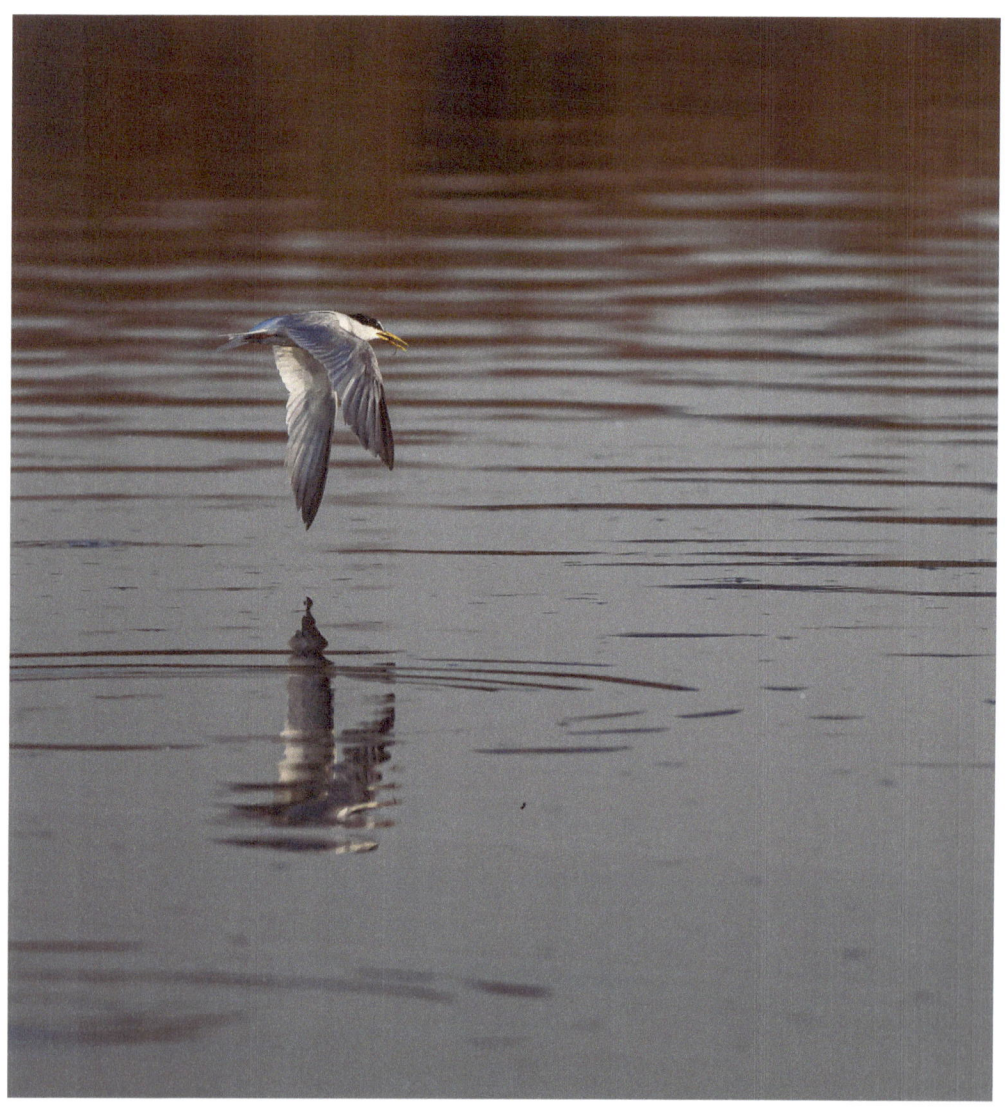

Mi rimane però un rimpianto... avevo saputo che pochi giorni prima del mio arrivo era stato avvistato un Pollo Sultano, ma in questa mia giornata non si è fatto vedere... Rimango quindi con la delusione di non averlo potuto fotografare.

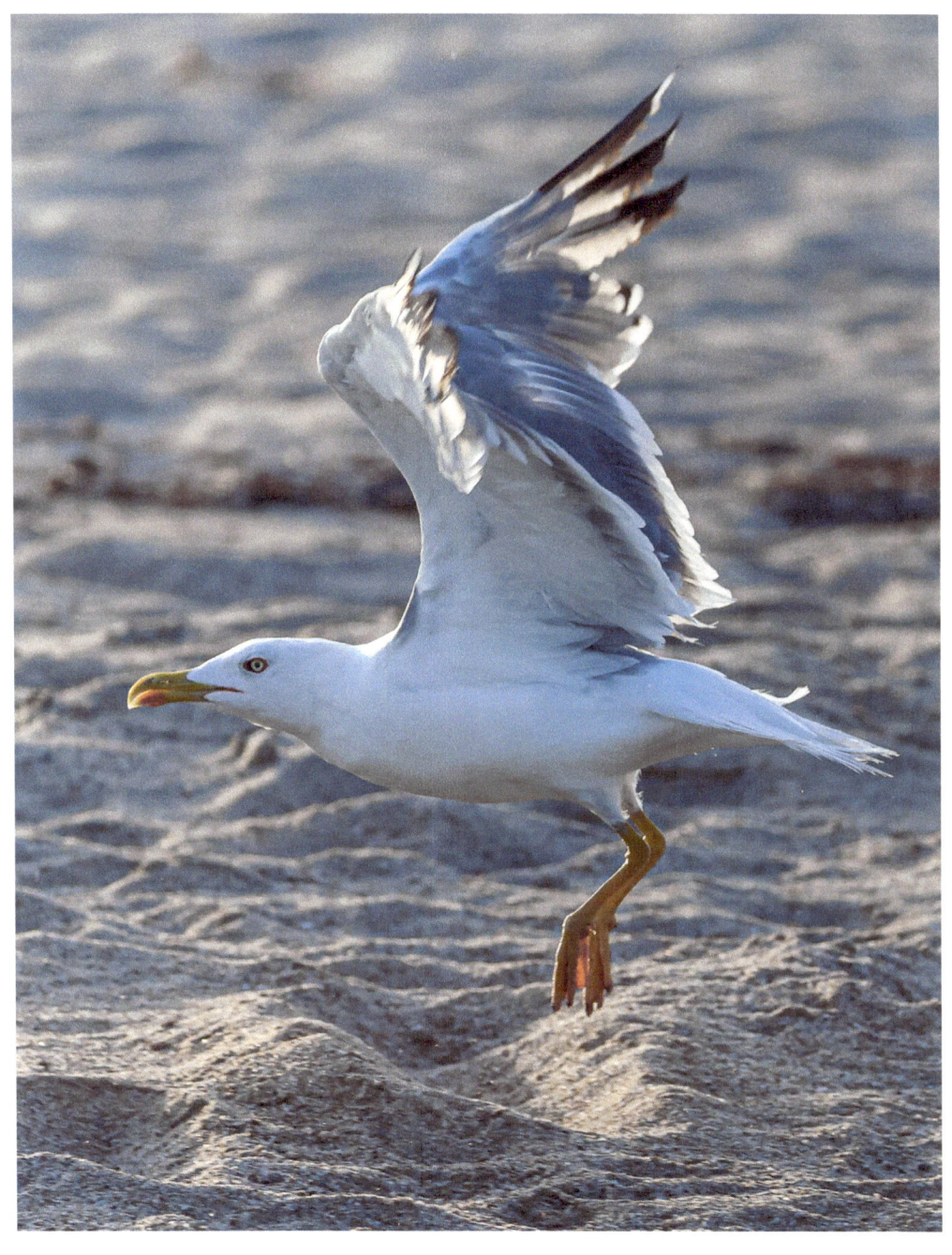

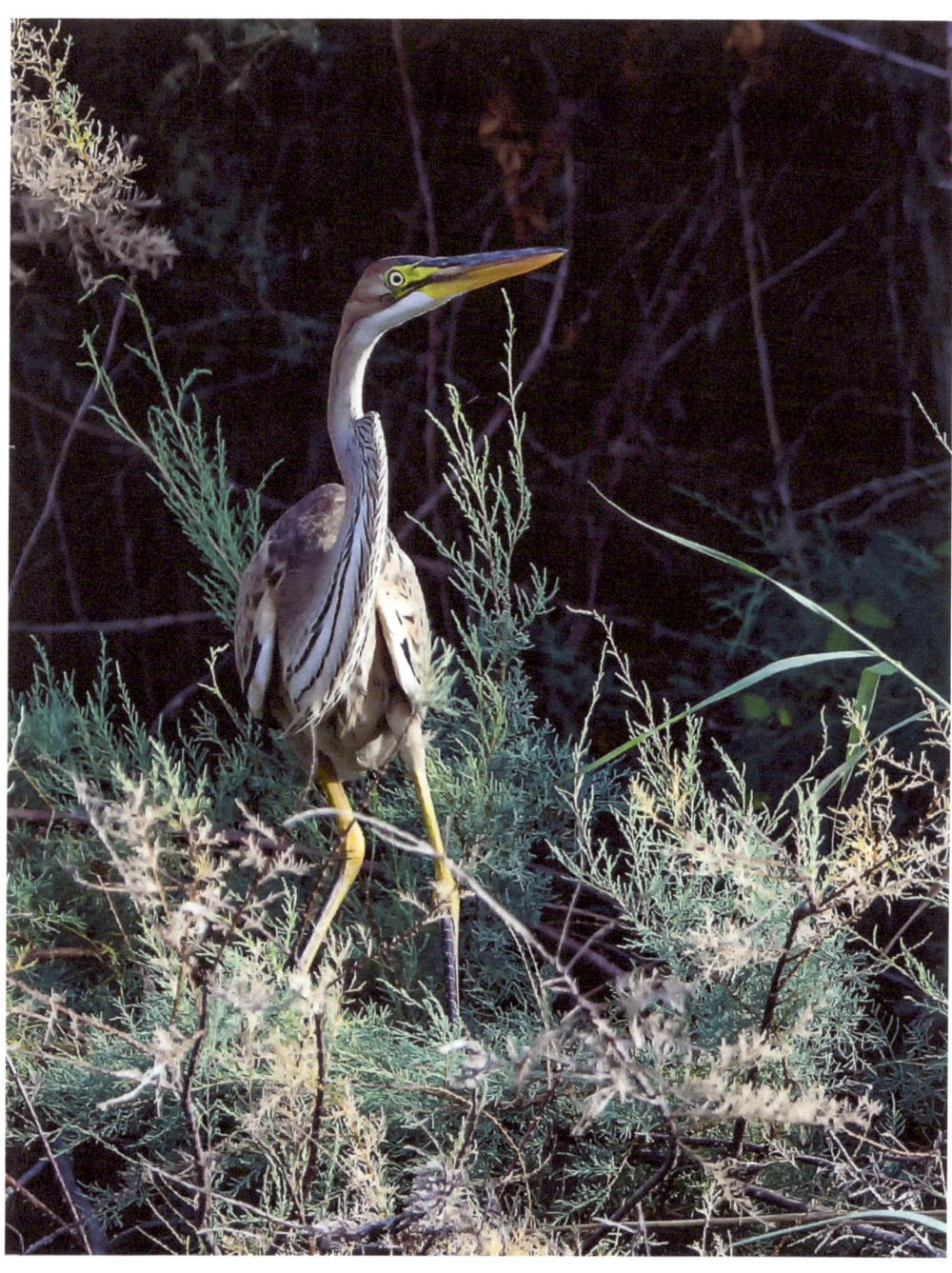

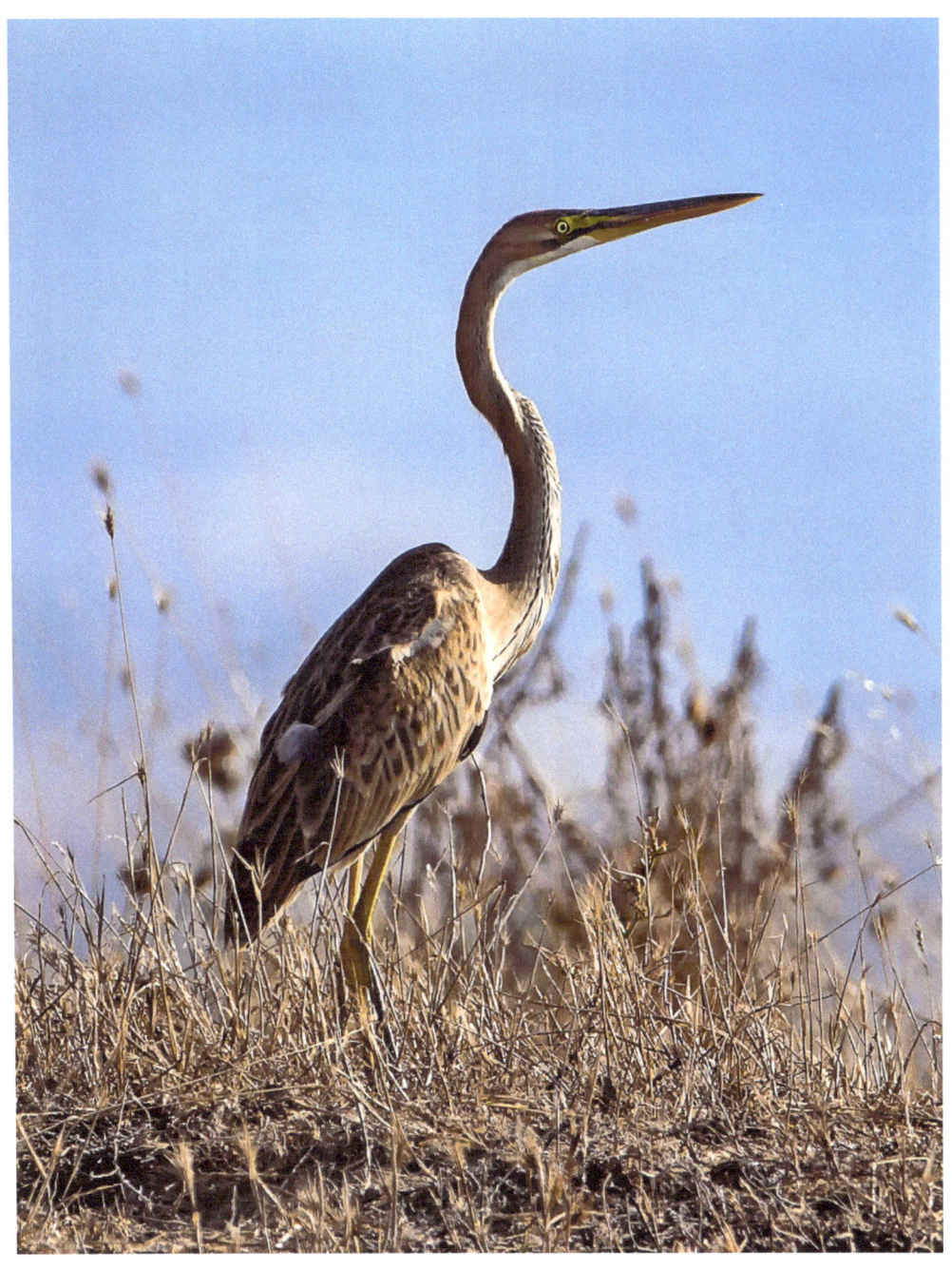

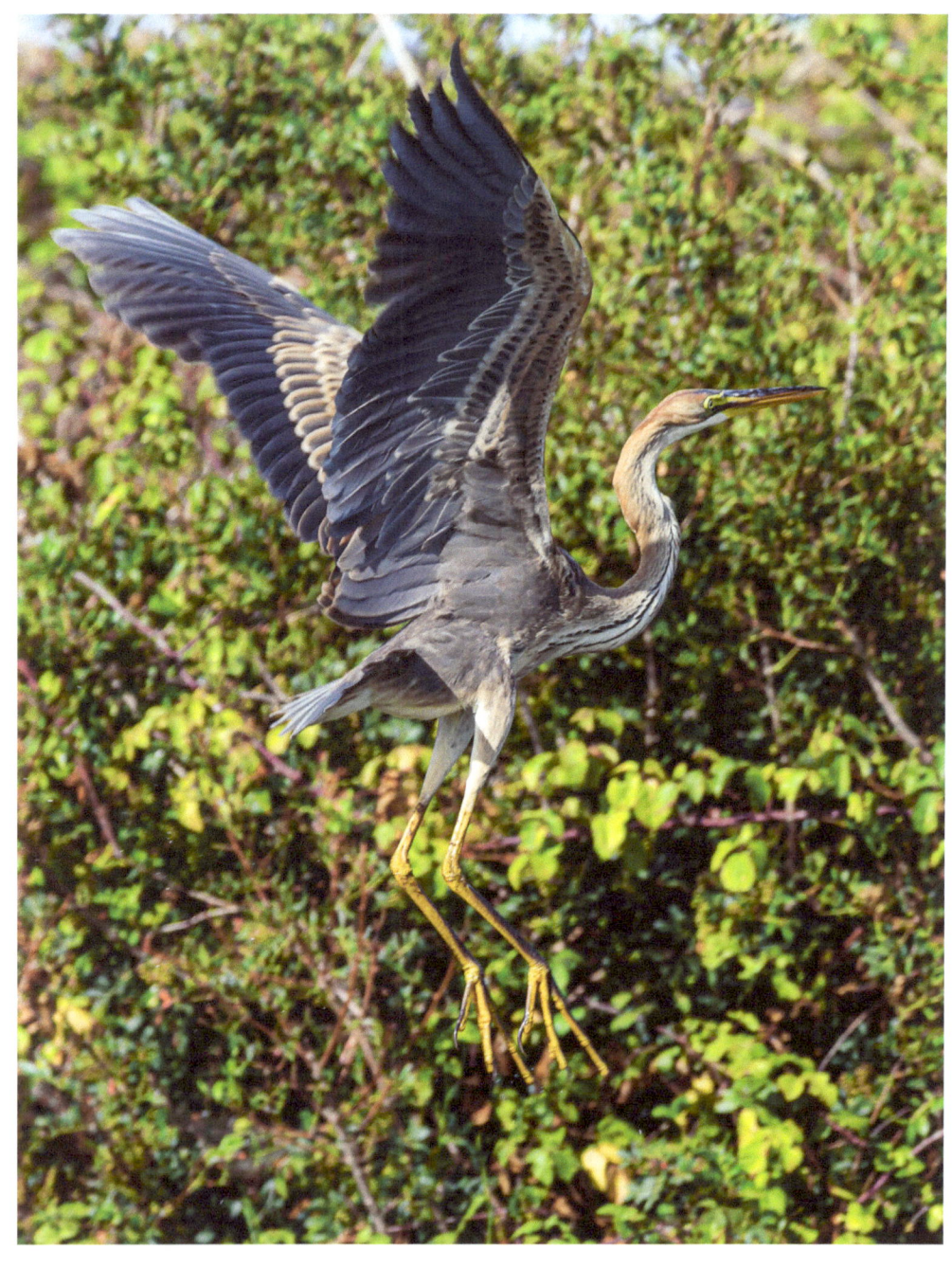

www.ingramcontent.com/pod-product-compliance
Lightning Source LLC
Chambersburg PA
CBHW040334220526
45473CB00009B/2675